Bildliche Redensarten

Deutsch
Englisch
Französisch

von Manuel Wiznitzer

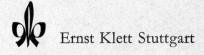

Ernst Klett Stuttgart

1. Auflage   1^4 ^{3} ^{2} ^{1} | 1978   77   76   75

Alle Drucke einer Auflage können im Unterricht nebeneinander benutzt werden. Die letzte Zahl bezeichnet das Jahr dieses Druckes.

Druck: Ernst Klett, 7 Stuttgart, Rotebühlstraße 77
Printed in Germany
ISBN 3-12-559100-7

Inhalt

Vorwort

Lebendiges, ausdrucksvolles Sprechen ist reich an Bildern. Wer eine fremde Sprache lernen will, stößt sehr schnell auf den besonderen Reiz, der von idiomatischen Wendungen ausgeht, sieht sich aber gleichzeitig oftmals vor der Schwierigkeit, sie richtig zu verstehen und treffend anzuwenden.

Diese Sammlung bringt über 400 deutsche Redensarten mit den zugehörigen englischen und französischen Entsprechungen. Sie wurden einmal unter dem Gesichtspunkt der Häufigkeit ausgewählt, zum anderen sollten sie mehr sein als eine feste Wortgruppe, sie sollten wirklich ein Bild enthalten.

Durch die Zusammenstellung der Redensarten in 3 Sprachen ergeben sich reizvolle Vergleiche untereinander mit mancherlei Hinweisen auf die im Bild zum Ausdruck kommende Lebenswirklichkeit, — wobei eine Gemeinsamkeit der Bilder nicht weniger aufschlußreich ist als deren Unterschiedlichkeit.

Deutsche Redensarten, die in das stark Umgangssprachliche oder Familiäre abgleiten, werden durch *pop* gekennzeichnet. Desgleichen sind Wendungen gehobenen Stils mit dem Zusatz *lit* versehen. Die englischen und französischen Entsprechungen liegen im allgemeinen auf der Stilebene der deutschen Redensart; wo dies nicht der Fall ist, wird auf die Abweichung durch *pop* bzw. *nicht pop* hingewiesen.

Die Redensarten werden, sofern es von der Sprechüblichkeit her möglich ist, in der Infinitivform angegeben. Dies trifft fast immer auf das Deutsche zu, während bisweilen die Bilder der englischen, vor allem aber der französischen Sprache nur mit einem Verb in finiter Form ausgedrückt werden können. Formale Abweichungen zeigen somit, daß andere sprachliche Bilder oft auch einen anderen syntaktischen Rahmen erfordern.

Der deutschen Redensart ist eine paraphrasierende Erklärung

beigegeben, außerdem ein Anwendungsbeispiel. Erfahrungs-
gemäß bereitet der aktive Gebrauch von Redensarten dem
Lernenden die größten Schwierigkeiten, die er nur durch ein
vertieftes Verständnis für die Funktion des sprachlichen Bil-
des und durch ein sicheres Erfassen der angemessenen Stilebene
bewältigen kann.

Bei der Unterschiedlichkeit der Bilder in den drei Sprachen
versteht es sich, daß sich die Anwendungsbereiche oft nicht
voll und ganz decken. Das angeführte Beispiel stellt jedoch
eine Situation dar, die das Einsetzen der Redensart in allen
drei Sprachen zuläßt. Damit können sich nicht nur Englisch
oder Französisch Sprechende, sondern auch Deutsche, die sich
eine stärker idiomatische Ausdrucksweise in der fremden Sprache aneignen wollen, an einem Beispiel für den Gebrauch der
Redensart orientieren.

Ein zweisprachiges Register ermöglicht dem englisch- oder
französischsprachigen Benutzer das Auffinden der deutschen
Redensart von den Wendungen seiner Muttersprache her.

Abkürzungen

etw	etwas	qc	quelque chose
jdn	jemanden	qn	quelqu'un
jdm	jemandem	o.s.	oneself
jds	jemandes	s.o.	someone
lit	literarisch	s.th.	something
pop	familiär, umgangssprachlich		

A

von A bis Z erfunden
völlig / von Anfang bis Ende unwahr

Die Geschichte, die der Angeklagte dem Richter erzählt hat, war von A bis Z erfunden.

E: a tissue of lies
F: inventé de toutes pièces

abgebrannt sein (pop)
kein Geld mehr haben

Könntest du mir vielleicht hundert Mark borgen? Ich bin völlig abgebrannt.

E: to be broke
F: être fauché

wie angegossen sitzen
Ein Kleidungsstück paßt genau.

Deine Freizeitjacke sitzt ja wie angegossen! Hast du sie etwa nach Maß machen lassen?

E: to fit like a glove
F: aller comme un gant

bei jdm gut angeschrieben sein
bei jdm viel gelten; von jdm sehr geschätzt werden

Ach, Susanne, sprich doch du mal mit Dieter, du bist bei ihm ja so gut angeschrieben!

E: to be in s.o.'s good books
F: avoir la cote auprès de qn

in tausend Ängsten schweben
sehr große Angst und Sorge haben

Es war schon nach 11 Uhr, und unsere Tochter Inge war immer noch nicht nach Hause gekommen. Wir schwebten alle in tausend Ängsten; endlich läutete es ...

E: to be frantic
F: être dans les transes

in den sauren Apfel beißen
eine unangenehme, aber notwendige Sache tun

Hermann war sehr unglücklich, als der Chef ihm sagte, er solle jetzt ein Jahr lang in der Provinz arbeiten. Aber er mußte eben in den sauren Apfel beißen oder kündigen.

E: to grin and bear it
F: avaler la pilule

jdn auf den Arm nehmen
sich über jdn lustig machen

Was? Du hast dir einen Alfa Romeo gekauft? Das kann nicht wahr sein — du willst mich wohl auf den Arm nehmen!

E: to pull s.o.'s leg
F: faire marcher qn

jdm in die Arme laufen
jdm zufällig und unerwartet begegnen

Vorigen Sonntag war ich in Garmisch. Gleich am Bahnhof bin ich meinem alten Freund Michael in die Arme gelaufen.

E: to run into s.o.
F: se trouver nez à nez avec qn

sich ein Armutszeugnis ausstellen
seine Unfähigkeit zeigen

Die neue Sekretärin hat sich schon am ersten Tag ein Armutszeugnis ausgestellt; sie konnte nicht einmal einen einfachen
Brief ins Englische übersetzen. Dabei hat sie fünf Jahre Englisch gelernt.

E: to give a poor account of oneself
F: faire la preuve de son incapacité

den Ast absägen, auf dem man sitzt
die eigene (Existenz-)Grundlage zerstören

Wenn du weiter so mit deinen Kollegen und Vorgesetzten
streitest, wirst du noch deine Stellung verlieren. Du sägst ja
den Ast ab, auf dem du sitzt.

E: to bite the hand that feeds you
F: scier la branche sur laquelle on est assis

sich auf dem absteigenden Ast befinden
in eine immer ungünstigere Lage geraten

Ich glaube nicht, daß die Regierungspartei diesmal bei den
Wahlen siegen wird; seit einem Jahr befindet sie sich auf dem
absteigenden Ast.

E: to be going downhill
F: être en perte de vitesse

viel Aufhebens von etw machen
viele Worte um etw machen; einer Sache große Bedeutung zumessen

Warum machen eigentlich die Leute soviel Aufhebens von diesem Film? Ich fand ihn gar nicht so aufregend.

E: to make a song and dance about s.th.
F: faire grand bruit (autour) de qc

mit einem blauen Auge davonkommen
in einer gefährlichen Lage nur geringen Schaden erleiden

Herr Schütz ist noch einmal mit einem blauen Auge davongekommen: für die Beleidigung des Polizisten hat er nur eine kleine Geldstrafe bekommen.

E: to get off cheaply
F: s'en tirer à bon compte

ins Auge fallen
in die Augen springen
auffallen

Als ich an der Herrenboutique vorbeiging, fiel mir eine schicke Lederjacke ins Auge. Ich war sofort entschlossen, sie zu kaufen.

E: to catch s.o.'s eye
F: sauter aux yeux

ein Auge zudrücken
etw nicht sehen und nicht bestrafen wollen

Der Junge ist wirklich unmöglich. Ich habe bis jetzt bei seinen Dummheiten immer noch ein Auge zugedrückt. Das hört nun auf!

E: to turn a blind eye (to s.th.)
F: fermer les yeux (sur qc)

den Ausschlag geben
entscheidend sein

Bis zuletzt war nicht sicher, ob der Angeklagte verurteilt würde oder nicht. Die glänzende Rede des Verteidigers gab den Ausschlag, der Angeklagte wurde freigesprochen.

E: to tip the scales
F: faire pencher la balance

B

lügen, daß sich die Balken biegen
unverschämt lügen

Herr Krämer hat erzählt, er habe vor einigen Jahren bei einer Jagd in Afrika drei Tiger erlegt. Der Mann lügt ja, daß sich die Balken biegen.

E: to be a lying so-and-so
F: mentir comme un arracheur de dents

am Ball bleiben
eine Sache aufmerksam verfolgen; nicht aufgeben

Wenn Sie sich weiterhin bei uns bewähren, ist es durchaus möglich, daß man Ihnen eines Tages die Leitung der Wirtschaftsredaktion überträgt. Sie müssen nur immer am Ball bleiben.

E: to be on the ball
F: rester dans le coup

etw auf die lange Bank schieben
etw nicht gleich erledigen, sondern aufschieben

Du hast doch versprochen, einen ausführlichen Reisebericht zu schreiben. Das solltest du nicht auf die lange Bank schieben.

E: to pigeon-hole
F: renvoyer qc aux calendes grecques

jdm einen Bären aufbinden
jdm absichtlich etwas Falsches erzählen

Ulrike hat Ihnen erzählt, sie arbeite als Übersetzerin bei der UNESCO? Da hat sie Ihnen aber einen Bären aufgebunden.

E: to have s.o. on
F: monter un bateau à qn

einen Bärenhunger haben
großen Hunger haben

Jedesmal wenn die Kinder vom Skilaufen zurückkommen, haben sie einen Bärenhunger.

E: to be so hungry one could eat a horse
F: avoir une faim de loup

Der Bart ist ab! (pop)
Die Lage ist hoffnungslos.

Wenn ich bis morgen nicht die Rate für das Auto bezahlen kann, dann ist der Bart ab. Die schicken mir sofort den Gerichtsvollzieher ins Haus!

E: I've had it. My goose is cooked.
F: Les carottes sont cuites. Je suis cuit.

sich den Bauch halten vor Lachen (pop)
sehr stark lachen

Im letzten Akt von „Carmen" hielten sich gestern die Zuschauer den Bauch vor Lachen: Don José konnte den Dolch nicht finden, mit dem er Carmen erstechen wollte.

E: to hold/split one's sides laughing
F: se tenir les côtes

Er reißt sich kein Bein aus. (pop)
Er strengt sich nicht sehr an.

Habe keine Angst, daß sich dein Bruder überarbeitet.
Der reißt sich kein Bein aus!

E: He won't strain himself.
F: Il ne se foule pas la rate.

sich die Beine in den Bauch stehen (pop)
lange stehen und warten müssen

Um fünf Uhr hatte ich mit Herta eine Verabredung vor dem Kino — aber sie war nicht da. Fast eine Stunde habe ich mir die Beine in den Bauch gestanden, bis sie endlich kam.

E: to hang around (nicht pop)
F: faire le pied de grue

die Beine in die Hand nehmen
schnell laufen

Als der Dieb den Polizisten sah, nahm er die Beine in die Hand und verschwand im Dunkel.

E: to take to one's heels (lit)
F: prendre ses jambes à son cou

über den Berg sein
das Schlimmste überstanden haben

Zwei Jahre mußten meine Frau und ich hart arbeiten, um unsere Schulden abzuzahlen; jetzt sind wir glücklicherweise über den Berg.

E: to be over the worst; to be out of the wood
F: être arrivé au bout du tunnel

jdm goldene Berge versprechen
jdm großartige Dinge versprechen

Oft verspricht eine politische Partei ihren Wählern goldene Berge, aber wenn sie dann die Regierung übernimmt, ist alles vergessen.

E: to promise s.o. miracles
F: promettre monts et merveilles à qn

ans Bett gefesselt sein
wegen Krankheit im Bett liegen

Seit zwei Wochen ist Onkel Theo wegen seines Rheumatismus ans Bett gefesselt.

E: to be confined to bed
F: être cloué au lit

im Bilde sein
informiert sein; Bescheid wissen

Unser Chef soll die Absicht haben, sich von seiner zweiten Frau scheiden zu lassen. Sind Sie schon im Bilde?

E: to be in the picture
F: être au courant

13

von der Bildfläche verschwunden sein
sich nicht mehr sehen lassen

Was ist nur mit Karl geschehen? Schon seit einer Woche kommt er nicht mehr zur Universität. Er ist völlig von der Bildfläche verschwunden.

E: to have vanished into thin air
F: avoir disparu de la circulation

einen hinter die Binde * gießen
ein Glas Wein oder einen Schnaps trinken

Wenn ich von der Arbeit komme, gehe ich oft noch schnell in eine Kneipe und gieße einen hinter die Binde. Aber sag es nur nicht meiner Frau!

E: to have a quick one
F: s'en jeter un derrière la cravate

* Binde = Krawatte, Schlips. Nur noch in dieser Wendung gebraucht.

Es regnet Bindfäden.
Es regnet stark.

Unser Ausflug zum Starnberger See mußte leider abgesagt werden; es regnete Bindfäden.

E: It's raining cats and dogs.
F: Il pleut des cordes.

in die Binsen gehen
verlorengehen; schiefgehen

Nun unterschreib schon endlich den Vertrag! Wenn du noch länger überlegst, geht uns das Projekt in die Binsen.

E: to go down the drain
F: tomber à l'eau

Das ist eine Binsenwahrheit.
Das ist eine allgemein bekannte Tatsache.

„Der Minister hat erklärt, daß unsere Wirtschaft nicht auf die Gastarbeiter verzichten kann." — „Das ist doch eine Binsenwahrheit."

E: That's stating the obvious. That's a truism.
F: C'est une vérité de La Palice.

Das steht auf einem anderen Blatt.
Das ist eine ganz andere Frage.

Fräulein Lang ist eine sehr ordentliche und fleißige Angestellte. Ihr Verhalten gegenüber den Kollegen allerdings — das steht auf einem anderen Blatt.

E: That's a different kettle of fish.
F: C'est une autre paire de manches.

Das Blatt hat sich gewendet.
Die Lage hat sich entscheidend geändert.

Lange Zeit war China politisch isoliert. Inzwischen hat sich das Blatt gewendet. Im Jahre 1972 wurde China in die UNO aufgenommen.

E: The tide has turned.
F: Le vent a tourné.

kein Blatt vor den Mund nehmen
offen und deutlich seine Meinung sagen

Gewiß hätte ich mich dem Vorgesetzten gegenüber etwas vorsichtiger äußern sollen, aber ich war so wütend, daß ich kein Blatt vor den Mund nahm.

E: not to mince words
F: ne pas mâcher ses mots

das Blaue vom Himmel herunterlügen
unwahre Dinge behaupten; leere Versprechungen machen

Bei Wahlversammlungen darf man den Rednern nicht alles glauben. Die lügen manchmal das Blaue vom Himmel herunter.

E: to tell fairy tales
F: promettre la lune

wie ein Blitz aus heiterem Himmel
plötzlich / völlig unerwartet eintretend

Die Nachricht von der Besetzung der Botschaft kam wie ein Blitz aus heiterem Himmel.

E: like a bolt from the blue
F: arriver comme un coup de tonnerre dans un ciel bleu

etw durch die Blume sagen ↔ etw unverblümt sagen
etw nicht direkt sagen ↔ etw ganz offen sagen

Ich habe Thomas durch die Blume gesagt, daß Hilda schon einen Freund hat und daß er sich keine Hoffnungen machen soll. Ich glaube, er hat mich verstanden.

E: to break it gently ↔ to speak plainly
F: dire qc à mots couverts ↔ dire qc tout net

Blut (und Wasser) schwitzen
in größter Angst oder Aufregung sein

Die Passagiere des Lufthansa-Flugzeugs waren zehn Stunden lang in den Händen der Banditen. Ihr könnt euch vorstellen — sie haben Blut geschwitzt!

E: to be in a cold sweat
F: avoir des sueurs froides

16

einen Bock schießen
einen Fehler machen

Unser Französischlehrer hat heute einen Bock geschossen; er hat gesagt, auch Goethe habe sich in Paris sehr wohl gefühlt. Dabei war Goethe niemals in Paris.

E: to make a howler
F: faire une bourde

den Bock zum Gärtner machen
jdn am falschen Platz einsetzen

Herr Manser ist zum Kassierer ernannt worden? Da hat man wohl den Bock zum Gärtner gemacht; der Mann verspielt doch sein ganzes Geld beim Pferderennen.

E: to set a fox to keep the geese
F: enfermer le loup dans la bergerie

sich ins Bockshorn * jagen lassen
sich erschrecken oder einschüchtern lassen

Lassen Sie sich nicht ins Bockshorn jagen! Unser Chef schreit zwar oft und laut, aber er tut niemandem etwas.

E: to let o.s. be intimidated/bullied
F: se laisser intimider/impressionner

* Das Bockshorn war vermutlich ein mittelalterliches Folter-instrument.

an Boden gewinnen ↔ an Boden verlieren
sich verbreiten, sich ausbreiten ↔ zurückgehen

In den letzten Jahren hat das Radfahren wieder sehr an Boden gewonnen — besonders seitdem es zusammenklappbare Fahrräder gibt!

E: to gain ground ↔ to lose ground
F: gagner du terrain ↔ perdre du terrain

den Boden unter den Füßen verlieren
seine Sicherheit verlieren

Den schriftlichen Teil des Abiturs hatte Karl nicht schlecht hinter sich gebracht, aber bei der mündlichen Prüfung in Französisch verlor er den Boden unter den Füßen.

E: to be all at sea
F: perdre pied

am Boden zerstört sein
völlig erschöpft / ganz verzweifelt sein

Die letzten Tage waren sehr anstrengend: Wir hatten die Maler im Haus, meine Tochter war krank, und dann kam auch noch Besuch aus Amerika. Ich kann dir sagen, ich war völlig am Boden zerstört.

E: to be dead beat; to be shattered
F: être sur les genoux; avoir le moral à zéro

den Bogen überspannen
zu viel fordern; übertreiben

Haben Sie gelesen, Herr Müller? Die neuen Steuern treffen wieder einmal in erster Linie die Arbeiter und Angestellten. Diesmal hat die Regierung den Bogen wirklich überspannt.

E: to overstep the mark
F: dépasser les bornes

18

wie eine Bombe einschlagen
große Aufregung verursachen

Die Nachricht von der Ermordung des amerikanischen Präsidenten schlug wie eine Bombe ein.

E: to come like a bombshell
F: éclater comme une bombe

in einem Boot sitzen
gemeinsam in einer schwierigen Lage sein

Ich frage mich, warum die europäischen Länder keine einheitliche Europapolitik betreiben. Wir sitzen doch alle in einem Boot.

E: to be in the same boat
F: être logé à la même enseigne

ein Brett vor dem Kopf haben
eine einfache Sache nicht begreifen

Der Elektriker sucht seit einer Stunde die Ursache des Kurzschlusses. Der Mann scheint wirklich ein Brett vor dem Kopf zu haben.

E: to be a blockhead
F: en tenir une couche (pop)

alles durch eine rosa (↔ schwarze) Brille sehen
zu optimistisch (↔ zu pessimistisch) sein

„Ruth ist in letzter Zeit so beschwingt und fröhlich!" — „Kein Wunder, sie ist unheimlich verliebt, und da sieht man eben die Welt durch eine rosa Brille."

E: to see everything through rose-coloured glasses
  (↔ to take a gloomy view)
F: voir tout en rose (↔ voir tout en noir)

alle Brücken hinter sich abbrechen
alle Bindungen und Verbindungen aufgeben

Familie Schulz hatte große Schwierigkeiten, sich in Kanada einzuleben. Aber zurück in die Heimat konnten sie auch nicht, denn sie hatten alle Brücken hinter sich abgebrochen.

E: to burn one's boats / bridges
F: couper les ponts, brûler ses vaisseaux

(bei jdm) auf den Busch klopfen
versuchen, jds Meinung oder Pläne herauszubekommen

Glaubst du, daß ich diesen Monat beim Chef eine Gehalts-erhöhung verlangen könnte? Ich werde auf alle Fälle mal bei ihm auf den Busch klopfen.

E: to sound a person out; to see how the land lies
F: tâter le terrain

Es ist alles in Butter.
Es ist alles in Ordnung.

„Grüß Gott, Max! Ich habe dich ja schon ewig nicht mehr gesehen. Wie geht's dir denn?" — „Bei mir ist alles in Butter."

E: I'm doing fine.
F: Ça gaze. (pop)

sich nicht die Butter vom Brot nehmen lassen
sich nicht betrügen oder einschüchtern lassen

Unsere Direktion versucht immer wieder, uns auszunutzen und unsere Überstunden nicht zu bezahlen. Aber mit mir können die das nicht machen. Ich lasse mir nicht die Butter vom Brot nehmen.

E: not to allow oneself to be put upon
F: ne pas se laisser manger la laine sur le dos

etw für ein Butterbrot bekommen
etw sehr billig bekommen

Was sagen Sie zu dieser schönen Stehlampe? Die habe ich bei einer Versteigerung für ein Butterbrot bekommen.

E: to buy s.th. for a song
F: acheter qc pour une bouchée de pain

D

jdm aufs Dach steigen (pop)
jdn heftig tadeln

Theo, hast du deine Aufgaben auch ordentlich gemacht? Sonst steigt dir morgen dein Mathematiklehrer aufs Dach.

E: to haul s.o. over the coals
F: sonner les cloches à qn

wieder auf dem Damm / auf der Höhe sein
wieder gesund / im Vollbesitz seiner Kräfte sein

Meine Grippe war ziemlich hartnäckig — aber jetzt bin ich wieder auf dem Damm.

E: to be as fit as a fiddle again
F: être de nouveau en pleine forme

Dampf dahinter machen
eine Sache beschleunigen

In zwei Wochen muß ich meine Diplomarbeit abgeben; dabei bin ich immer noch nicht mit dem letzten Kapitel fertig. Ich muß wirklich Dampf dahinter machen.

E: to get a move on
F: mettre les bouchées doubles

die Daumen drehen
nichts tun

In unserer Firma gibt es nicht genug Arbeit für jeden. Ein Teil der Angestellten sitzt herum und dreht die Daumen.

E: to twiddle one's thumbs
F: se tourner les pouces

mit jdm unter einer Decke stecken
mit jdm gemeinsame Sache machen (oft bei etw Verbotenem)

Bei dem Bankraub haben die Gangster 20 000 Mark erbeutet. Die Polizei glaubt, daß der Kassierer mit den Banditen unter einer Decke steckt.

E: to be hand in glove with s.o.
F: être de mèche avec qn

sich nach der Decke strecken
sich den Umständen anpassen, sich einschränken

Mein lieber Sohn, ich kann dein Taschengeld nicht erhöhen. Du mußt dich eben nach der Decke strecken.

E: to cut one's coat according to one's cloth
F: à la guerre comme à la guerre

jdm einen Denkzettel verpassen
jdn so bestrafen, daß er es nicht so bald vergißt

Peter kommt aufgeregt nach Hause: „Mathias hat dem Englischlehrer erzählt, wer den Ball durch die Fensterscheibe geworfen hat. So ein Verräter! Dem haben wir aber einen Denkzettel verpaßt, solche Prügel hat er noch nie gekriegt."

E: to teach s.o. a lesson
F: donner une bonne leçon à qn

Das sind böhmische Dörfer für mich.
Davon verstehe ich nichts.

In Algebra war ich immer schwach; die imaginären Zahlen sind böhmische Dörfer für mich.

E: It's all Greek to me.
F: Pour moi c'est de l'hébreu.

jdm ein Dorn im Auge sein
jdm lästig / verhaßt sein

Was sagst du? Unsere Tochter will endgültig mit diesem unverschämten Kerl Schluß machen? Gott sei Dank! Er ist mir schon längst ein Dorn im Auge.

E: He's a thorn in my side.
F: C'est ma bête noire.

Jetzt schlägt's aber dreizehn! (pop)
Das ist unerhört! Jetzt habe ich genug!

Haben Sie heute die Zeitung gelesen? Das Benzin wird schon wieder teurer. Jetzt schlägt's aber dreizehn!

E: That takes the biscuit!
F: C'est la fin des haricots!

jdn unter Druck setzen
jdn so bedrängen, daß er tut, was er eigentlich nicht tun will

„Entweder du kommst, oder wir lassen die Angelegenheit fallen!" — „Du wirst mich doch nicht unter Druck setzen wollen?"

E: to put pressure on s.o.
F: faire pression sur qn

Alles geht drunter und drüber.
Es herrscht ein großes Durcheinander.

„Sag mal, willst du nicht endlich Urlaub machen?" — „Unmöglich! Wenn ich nicht da bin, geht im Geschäft alles drunter und drüber."

E: Everything goes haywire.
F: C'est la pagaille.

im dunkeln tappen
nichts Genaues wissen

Wieder ein Bankraub! Die Gangster sind mit einer Million Mark entkommen, und die Polizei tappt immer noch im dunkeln.

E: to be in the dark
F: être dans le noir le plus complet

dünn gesät sein
selten / schwer zu finden sein

Erstklassige Übersetzer sind auch heute noch dünn gesät.

E: to be few and far between
F: ne pas courir les rues

E

jdn um die Ecke bringen (pop)
jdn ermorden

Gestern abend habe ich einen Krimi gelesen, in dem der Täter nicht weniger als fünf Leute um die Ecke gebracht hat. Dann wurde er endlich gefaßt.

E: to bump s.o. off
F: faire la peau à qn

etw aus dem Effeff können
etw sehr gut können oder verstehen

Diesmal habe ich keine Angst vor der Prüfung. Ich kann meine
Vokabeln aus dem Effeff.

E: to have s.th. at one's fingertips
F: savoir qc sur le bout du doigt

sich wie ein Ei dem andern gleichen
einander sehr ähnlich sein

Die beiden Kellner im chinesischen Restaurant gleichen sich wie
ein Ei dem andern.

E: to be as alike as two peas in a pod
F: se ressembler comme deux gouttes d'eau

wie aus dem Ei gepellt aussehen
tadellos angezogen und gepflegt sein

Ich weiß nicht, wie meine Kollegin das macht: Selbst nach
einem harten Arbeitstag sieht sie immer noch aus wie aus dem
Ei gepellt.

E: to look as fresh as a daisy
F: avoir l'air de sortir d'une boîte

jdn/etw zum alten Eisen werfen
jdn/etw als unbrauchbar beiseite schieben

Unser Bürgermeister ist schon 75, aber er ist immer noch sehr
tüchtig; niemand denkt daran, ihn zum alten Eisen zu werfen.

E: to put s.o./s.th. on the scrapheap
F: mettre qn/qc au rancart

Es ist höchste Eisenbahn.
Es ist sehr spät. Man muß sich beeilen.

Wenn wir nicht sofort losfahren, kommen wir zu spät zum Flugplatz. Es ist höchste Eisenbahn!

E: It's high time.
F: Il n'y a pas de temps à perdre. Il faut se grouiller. (pop)

sich wie ein Elefant im Porzellanladen benehmen
sich ungeschickt/plump benehmen

Mein Schwager blamiert uns überall. Bei der Geburtstagsfeier meines Chefs trank er ein bißchen zu viel und begann dann, dumme Witze über die Dame des Hauses zu machen. Er benahm sich wie ein Elefant im Porzellanladen.

E: to behave like a bull in a china shop
F: se conduire comme un éléphant dans un magasin de porcelaine

jdn in die Enge treiben
jdn in eine (fast) aussichtslose Lage bringen

Kommissar Maigret hat es wieder einmal verstanden, den Mörder durch geschickte Fragen so in die Enge zu treiben, daß er alles gestand.

E: to force s.o. into a corner
F: mettre qn au pied du mur

Eulen nach Athen tragen
etw Überflüssiges tun

Du willst deinen Pariser Freunden Parfum mitbringen? Das hieße ja Eulen nach Athen tragen.

E: to carry coals to Newcastle
F: porter de l'eau à la rivière

F

den Faden verlieren
den gedanklichen Zusammenhang verlieren; mitten in der Rede steckenbleiben

Der Bürgermeister hatte seine Rede gut begonnen, aber als ihn ein Zuhörer unterbrach, verlor er den Faden und begann zu stottern.

E: to lose the thread
F: perdre le fil

Das schlägt dem Faß den Boden aus!
Das ist unerhört/empörend.

Mein Mann hat heute nicht einmal angerufen, um mir zu sagen, daß er nicht zum Mittagessen kommt. Jetzt ist es 8 Uhr, und er ist immer noch nicht da. Das schlägt dem Faß den Boden aus!

E: This is the last straw.
F: C'est la goutte d'eau qui fait déborder le vase.

etw auf eigene Faust tun
etw auf eigene Verantwortung tun

Niemand hat den Chauffeur beauftragt, den Wagen neu zu spritzen. Er hat es auf eigene Faust getan.

E: to do s.th. off one's own bat
F: faire qc de son propre chef

sich ins Fäustchen lachen
heimlich und schadenfroh lachen

Als selbst der Mathematiklehrer die Aufgabe nicht lösen konnte, lachten sich die Schüler ins Fäustchen.

E: to laugh up one's sleeve
F: rire sous cape

sich mit fremden Federn schmücken
die Leistungen anderer als seine eigenen ausgeben

Glaubst du, daß Sigmund sein Büchlein über Computer-Technik ganz allein geschrieben hat? So wie ich ihn kenne, schmückt er sich gern mit fremden Federn.

E: to strut with borrowed plumes (lit)
F: se parer des plumes de paon (lit)

Fersengeld geben
davonlaufen

Rudi tut immer sehr mutig, aber sobald es irgendwo gefährlich wird, gibt er Fersengeld.

E: to take to one's heels (lit)
F: prendre la poudre d'escampette

ins Fettnäpfchen treten
sich taktlos/ungeschickt benehmen

Friedrich ist gestern abend wieder einmal ins Fettnäpfchen getreten: Er hat Herrn Scherer gefragt, wie es seiner Frau geht. Dabei ist sie ihm vor drei Wochen mit einem anderen Mann davongelaufen.

E: to put one's foot in it; to drop a clanger (pop)
F: mettre les pieds dans le plat, faire une gaffe

für jdn durchs Feuer gehen
alles für jdn tun

John Hunt, der die Erstbesteigung des Mount Everest leitete, war bei seinen Leuten sehr beliebt. Sie gingen für ihn durchs Feuer.

E: to go through fire and water for s.o.
F: se mettre en quatre pour qn

mit dem Feuer spielen
sich leichtsinnig in Gefahr bringen

Na, Bettina, du hast ja wieder einen neuen Flirt. Vergiß nur nicht, wie gefährlich es ist, mit dem Feuer zu spielen!

E: to play with fire
F: jouer avec le feu

Feuer und Flamme sein
ganz begeistert sein

Als der Englischlehrer den Schülern sagte, daß er mit ihnen eine Reise nach London machen würde, waren sie Feuer und Flamme.

E: to be as keen as mustard (about s.th.)
F: être tout feu tout flamme

keinen Finger rühren
nichts tun (für jdn)

Mein Freund ist entlassen worden, nur weil er keine Überstunden machen wollte. Seine Kollegen haben keinen Finger für ihn gerührt.

E: not to lift a finger
F: ne pas lever le petit doigt

Mein kleiner Finger sagt mir das.
Ich weiß es, ohne daß man es mir gesagt hat.

Willy, du hast doch bestimmt heute im Büro Ärger gehabt. Mein kleiner Finger sagt mir das.

E: A little bird told me.
F: Mon petit doigt me l'a dit.

sich die Finger verbrennen
durch Unvorsichtigkeit Schaden erleiden

Paul ist ein unverbesserlicher Don Juan. Neulich hat er versucht, die neue Kollegin zu küssen, aber diesmal hat er sich die Finger verbrannt: Die Ohrfeige hättest du sehen müssen!

E: to burn one's fingers
F: se faire échauder

jdn um den kleinen Finger wickeln
mit jdm machen können, was man will

Herr Grün wollte eigentlich einen blauen VW kaufen, aber er nahm schließlich einen roten Opel, weil es seine Frau so wünschte. Sie wickelt ihren Mann ja um den kleinen Finger.

E: to twist s.o. round one's little finger
F: mener qn par le bout du nez

sich etw aus den Fingern saugen
sich etw selbst ausdenken; etw frei erfinden

Ich soll einen Vortrag über die Steuerreform halten, habe aber überhaupt keine Unterlagen dafür gefunden. Ich kann mir doch nicht einfach etwas aus den Fingern saugen!

E: to make s.th. up
F: raconter n'importe quoi

jdn unter seine Fittiche nehmen
jdn beschützen/betreuen; für jdn sorgen

Diesmal wollen wir ohne die Kinder Urlaub machen. Wir werden Tante Evelyn bitten, sie solange unter ihre Fittiche zu nehmen.

E: to take s.o. under one's wing
F: prendre qn sous son aile

nicht vom Fleck kommen
keine Fortschritte machen

Seit sechs Monaten lerne ich Arabisch, denn ich will für ein halbes Jahr nach Beirut. Anfangs ging es ganz gut, aber jetzt habe ich den Eindruck, daß ich nicht mehr vom Fleck komme.

E: to make no headway
F: piétiner

sich ins eigene Fleisch schneiden
sich selbst Schaden zufügen

Mit seiner Grobheit schneidet sich der alte Herr vom vierten Stock ins eigene Fleisch: niemand im Hause spricht mit ihm ein Wort.

E: to cut off one's nose to spite one's face
F: se faire tort à soi-même

keiner Fliege etw zuleide tun
gutmütig/friedfertig sein

„Die Polizei hat den Sohn unseres Nachbarn verhört. Er soll eine alte Frau überfallen und beraubt haben." — „Unsinn! Der tut doch keiner Fliege etwas zuleide."

E: not to hurt a fly
F: Il ne ferait pas de mal à une mouche.

zwei Fliegen mit einer Klappe schlagen
zwei Ziele auf einmal erreichen

Warum gehst du nicht zu Fuß zur Arbeit? Damit schlägst du zwei Fliegen mit einer Klappe: du sparst Geld, und außerdem wirst du schlank.

E: to kill two birds with one stone
F: faire d'une pierre deux coups

die Flinte ins Korn werfen
den Mut verlieren; aufgeben

„Jetzt bin ich schon zum zweiten Mal bei der Fahrprüfung durchgefallen. Ich geb's auf."
— „Aber nein! So schnell darf man doch die Flinte nicht ins Korn werfen! Versuch's ruhig noch mal!"

E: to throw in the towel, to throw up the sponge
F: jeter le manche après la cognée

jdm die Flügel beschneiden/stutzen
jdn in seiner Entwicklung hemmen; jds Freiheit einschränken

Unser Auslandsvertreter hat in letzter Zeit ziemlich eigenmächtig gehandelt. Der Chef hat daher beschlossen, ihm ein bißchen die Flügel zu beschneiden.

E: to clip s.o.'s wings
F: rogner les ailes à qn

sich auf französisch empfehlen
fortgehen, ohne sich zu verabschieden

Die Geburtstagsfeier hatte schon sehr lange gedauert, und ich benutzte die erste Gelegenheit, um mich auf französisch zu empfehlen.

E: to take French leave
F: filer à l'anglaise

ein falscher Fuffziger * sein
ein unehrlicher, hinterlistiger Mensch sein

Unter uns gesagt: unserem Kollegen Baumann dürfen Sie nie etwas Vertrauliches sagen; der erzählt alles dem Chef weiter. Er ist ein falscher Fuffziger!

E: to be two-faced
F: être un faux jeton

* Fuffziger = 50-Pfennig-Stück

auf großem Fuß leben
verschwenderisch sein; großen Aufwand treiben

Seitdem Herr Lehmann Direktor eines großen technischen Betriebs ist, lebt die ganze Familie auf großem Fuß.

E: to live in style
F: vivre sur un grand pied

auf freiem Fuß sein
nicht im Gefängnis sein

Sehen Sie den Mann dort am Ecktisch? Er ist schon mehrmals wegen Betrugs angezeigt worden, aber er ist immer noch auf freiem Fuß.

E: to be at liberty
F: être en liberté

Er ist mit dem linken Fuß zuerst aufgestanden.
Er hat schlechte Laune.

Warum regt sich Manfred denn über jede Kleinigkeit auf? Er ist wohl heute mit dem linken Fuß zuerst aufgestanden!

E: He got out of bed on the wrong side.
F: Il s'est levé du pied gauche.

mit beiden Füßen auf der Erde stehen
realistisch denken und handeln

Was sagen Sie? Mein Sohn werde es nie zu etwas bringen? Verlassen Sie sich darauf — er ist kein Träumer. Er steht mit beiden Füßen auf der Erde.

E: to have one's feet planted firmly on the ground
F: avoir les pieds sur terre

auf eigenen Füßen stehen
unabhängig von fremder Hilfe sein

Solange Fritz Student war, mußten ihm seine Eltern regelmäßig Geld schicken. Jetzt hat er seine Ingenieurprüfung abgelegt und steht auf eigenen Füßen.

E: to stand on one's own two feet
F: voler de ses propres ailes

G

sich in Gala werfen
sich festlich kleiden

Heute abend ist ein Empfang in der österreichischen Botschaft. Da muß ich mich in Gala werfen.

E: to put on one's Sunday best
F: se mettre sur son trente et un

eine Gänsehaut bekommen
vor Angst oder Kälte schaudern

Wenn dein Bruder seine Gespenstergeschichten erzählt, bekomme ich immer eine Gänsehaut.

E: to get goose pimples
F: avoir la chair de poule

im Gänsemarsch gehen/spazieren
einer hinter dem anderen gehen

Jeden Sonntagmorgen spaziert die ganze Familie — Vater, Mutter, vier Kinder und ein Pudel — im Gänsemarsch durch den Stadtpark. Es ist zum Totlachen!

E: to walk in single file
F: marcher à la queue leu leu

aufs Ganze gehen
alle, auch riskante Mittel einsetzen, um etw zu erreichen

Da die Regierung der Studentenunruhen nicht Herr werden konnte, beschloß sie, aufs Ganze zu gehen und die Universität zu schließen.

E: to go the whole hog
F: employer les grands moyens

hinter schwedischen Gardinen * sitzen
im Gefängnis sein

Unser Nachbar hat einige Male ungedeckte Schecks in Zahlung gegeben; jetzt sitzt er hinter schwedischen Gardinen.

E: to be behind bars
F: être sous les verrous

* vielleicht Anspielung auf den schwedischen Stahl

eine Gardinenpredigt halten
dem Ehemann heftige Vorwürfe machen

Um Himmelswillen! Schon 11 Uhr! Jetzt muß ich aber nach Hause, sonst hält mir meine Frau wieder eine Gardinenpredigt.

E: to give (one's husband) a ticking-off
F: faire un sermon (à son mari)

ein Gedächtnis haben wie ein Sieb
ein sehr schlechtes Gedächtnis haben

Der neue Kellner im Café Ankara muß sich jede Bestellung aufschreiben. Der Mann hat ein Gedächtnis wie ein Sieb.

E: to have a memory like a sieve
F: Sa mémoire est une passoire.

seinen Gefühlen / seinem Ärger freien Lauf lassen
zeigen, was man denkt und fühlt

Der Tourist wollte dringend Geld wechseln, aber die Bank war schon zu. Da ließ er seinem Ärger freien Lauf — er schimpfte und hämmerte an die Glastür.

E: to give vent to one's feelings
F: donner libre cours à ses sentiments / sa colère

jdm ins Gehege kommen
jdn auf seinem Gebiet stören

Herr Weber ist für die ausländischen Kunden zuständig, und er hat es nicht gern, wenn man ihm ins Gehege kommt.

E: to poach on s.o.'s preserves
F: marcher sur les plates-bandes de qn

Das ist gehupft wie gesprungen. (pop)
Da ist kein Unterschied.

„Wo willst du essen? In der Bahnhofsgaststätte oder drüben in der Imbißstube?" — „Das ist doch gehupft wie gesprungen, in beiden ißt man gleich schlecht."

E: It's six of one and half a dozen of the other.
F: C'est du pareil au même.

die erste Geige spielen
die führende Rolle übernehmen

In unserer Firma möchte der Personalchef die erste Geige spielen. Der Direktor läßt sich aber nicht die Leitung aus der Hand nehmen.

E: to rule the roost
F: faire la pluie et le beau temps

sein Geld auf die hohe Kante legen
sparen

Man weiß nicht, was kommt. Daher sollte man immer etwas Geld auf die hohe Kante legen.

E: to save for a rainy day
F: garder une poire pour la soif

im Geld schwimmen
sehr reich sein

Breitners haben schon wieder einen neuen Wagen — den dritten in zwei Jahren. Die müssen ja im Geld schwimmen!

E: to be rolling in money
F: rouler sur l'or

das Geld zum Fenster hinauswerfen
das Geld verschwenden

Leo hat sich jetzt ein Mini-Transistorradio gekauft. Dabei hat er schon ein Radio zu Hause und eins im Auto. Er wirft buchstäblich das Geld zum Fenster hinaus.

E: to pour money down the drain
F: jeter l'argent par les fenêtres

die Gelegenheit beim Schopf packen
die Gelegenheit sofort ausnutzen

Der Studentenverband organisiert zu Ostern einen billigen Flug nach New York — 500 Mark hin und zurück! Ich habe die Gelegenheit beim Schopf gepackt und mich gleich eingeschrieben.

E: to seize the opportunity with both hands
F: sauter sur l'occasion

Das ist auf mich (dich ...) gemünzt.
Damit bin ich (bist du ...) gemeint.

Der Chef sagte vorhin, daß gewisse Leute immer erst in der letzten Minute zur Arbeit kommen. Das war auf mich gemünzt.

E: That's aimed at me (you ...).
F: C'est une pierre dans mon (ton ...) jardin.

geschniegelt und gebügelt sein
sehr gut gekleidet und gepflegt sein

„Was ist denn mit Klaus los? Meist läuft er in alten Jeans herum, aber heute ist er ganz geschniegelt und gebügelt." — „Der bewirbt sich doch um eine Assistentenstelle an der Uni. Da muß er einen guten Eindruck machen."

E: to look spick and span
F: être tiré à quatre épingles

jdm wie aus dem Gesicht geschnitten sein
jdm sehr ähnlich sehen

Ich wußte sofort, daß der Neue mit der großen Nase der Sohn des Direktors ist. Er ist ja seinem Vater wie aus dem Gesicht geschnitten.

E: to be the very image of s.o.
F: C'est ... tout craché.

ein langes Gesicht machen
enttäuscht aussehen

Als man Bruno sagte, daß die Karten für das Fußball-Länder-
spiel Deutschland — Schottland ausverkauft sind, machte er ein
langes Gesicht.

E: His face fell.
F: Son visage s'allongea.

ein Gesicht machen wie drei Tage Regenwetter
seine schlechte Laune zeigen

Frau Rieker macht heute ein Gesicht wie drei Tage Regenwetter. Wahrscheinlich hat sie wieder Streit mit ihrem Mann
gehabt.

E: to look as miserable as sin
F: faire une tête d'enterrement

nicht von gestern sein
erfahren sein; Bescheid wissen

Ich glaube nicht, daß dir Herr Kluge dieses alte Auto für
2000 Mark abkaufen wird. Er ist doch nicht von gestern.

E: He wasn't born yesterday.
F: Il n'est pas né de la dernière pluie.

nicht ins Gewicht fallen
keine Bedeutung haben

Einmütig beschlossen die Mitglieder des Sportvereins, den Vor-
sitzenden abzusetzen. Er hatte so viele Fehler gemacht, daß die
wenigen positiven Ergebnisse seiner Tätigkeit nicht ins Gewicht
fielen.

E: not to carry any weight
F: ne pas peser lourd dans la balance

sein ganzes Gewicht in die Waagschale werfen
all seinen Einfluß und seine Autorität einsetzen

Um das Parlament von der Notwendigkeit neuer Steuern zu überzeugen, mußte der Finanzminister sein ganzes Gewicht in die Waagschale werfen.

E: to bring all one's influence to bear
F: jeter toute son autorité dans la balance

auf etw großes Gewicht legen
etw für sehr wichtig halten

Nächste Woche beginne ich zwei Sprachkurse in der Volkshochschule: Englisch und Französisch. Du weißt ja, heute legen alle Firmen großes Gewicht auf Sprachkenntnisse.

E: to set great store by s.th.
F: attacher un grand prix à qc

Darauf kannst du Gift nehmen! (pop)
Darauf kannst du dich verlassen.

Der Apotheker ist ein arroganter und unhöflicher Mann. Das nächste Mal werde ich ihm ganz gehörig meine Meinung sagen; darauf kannst du Gift nehmen.

E: You can bet your life on that.
F: Je t'en fiche mon billet.

Gift und Galle spucken (pop)
wütend und gehässig schimpfen

Ich wollte die unsympathische Nachbarin einmal tüchtig ärgern und habe sie mitten in der Nacht aus dem Schlaf geklingelt. Natürlich hat sie Gift und Galle gespuckt.

E: to blow one's top
F: déverser sa bile

zu tief ins Glas geschaut haben
zu viel getrunken haben

Onkel Max hat wieder einmal zu tief ins Glas geschaut. Er kann kaum noch auf den Beinen stehen.

E: to have had a drop too much
F: avoir un verre dans le nez

etw an die große Glocke hängen
etw überall herumerzählen

Es stimmt, daß man Uwe den Führerschein wegen Trunkenheit am Steuer entzogen hat. Aber bitte, Sie müssen das nicht gleich an die große Glocke hängen.

E: to shout s.th. from the roof-tops
F: crier qc sur les toits

nicht mit Gold zu bezahlen
sehr wertvoll, kostbar

Wir haben Glück gehabt: Wir haben jetzt eine tüchtige Putzfrau — die ist nicht mit Gold zu bezahlen.

E: to be worth one's weight in gold
F: valoir son pesant d'or, n'avoir pas de prix

leben wie Gott in Frankreich
sorglos und in Luxus leben

Gratuliere zu Ihrer neuen Stellung, Herr Meier! 5000 Mark pro Monat und außerdem noch Gewinnbeteiligung — da können Sie ja leben wie Gott in Frankreich.

E: to live like a lord
F: mener la vie de château

auf Granit beißen
auf starken Widerstand stoßen

Ich will dir eines sagen: wenn die Regierung versuchen sollte, die Rechte der Gewerkschaften anzutasten, dann beißt sie auf Granit.

E: to bang one's head against a brick wall
F: tomber sur un bec (pop)

Darüber ist längst Gras gewachsen.
Das ist schon lange vergessen (und verziehen).

Bist du immer noch böse mit deinem Schwiegervater, weil er dich einmal einen Versager genannt hat? Ich dachte, über diese Sache ist längst Gras gewachsen.

E: It's dead and buried.
F: C'est une affaire classée.

das Gras wachsen hören
allzu klug sein wollen; alles zu wissen glauben

Deinem Bruder kann man wirklich nichts Neues erzählen; er weiß alles besser und glaubt vorauszusehen, was im politischen Leben geschehen wird. Er gehört wohl zu denen, die das Gras wachsen hören.

E: to think one knows everything
F: se croire plus malin que les autres

Der Groschen * ist gefallen.
Er (sie) hat endlich verstanden.

Dreimal habe ich Tante Ida erklären müssen, wie man das Fernsehgerät einschaltet und abstellt. Beim dritten Mal ist der Groschen endlich gefallen.

E: The penny's dropped.
F: Ça y est, il (elle) a compris/pigé. (pop)

* der Groschen = ein 10-Pfennig-Stück

das Große Los ziehen
großes Glück haben

Mit seiner Irma hat Martin wirklich das Große Los gezogen:
Sie ist eine nette, kluge und hübsche Frau.

E: to hit the jackpot, to strike lucky
F: tirer le bon numéro

den Gürtel enger schnallen
sich einschränken; sparsamer leben

Mein Urlaub auf den Balearen hat mich eine Menge Geld
gekostet. Macht nichts! Jetzt muß ich eben für eine Weile den
Gürtel enger schnallen.

E: to tighten one's belt
F: se serrer la ceinture

H

kein gutes Haar an jdm lassen
über jdn nur Schlechtes sagen

Sie hätten hören sollen, wie man bei der Wahlversammlung den
Finanzminister kritisiert hat. Man hat kein gutes Haar an ihm
gelassen.

E: to pull s.o. to pieces
F: déchirer qn à belles dents

an einem Haar / an einem seidenen Faden hängen
sehr gefährdet sein

Als Franz nach dem Autounfall ins Krankenhaus gebracht wurde, hing sein Leben nur noch an einem Haar. Die sofortige Operation hat ihn gerettet.

E: to hang by a thread
F: ne tenir (plus) qu'à un fil

ein Haar in der Suppe finden
etw finden, was man kritisieren kann

Ich finde, mein Vorschlag ist sehr gut, aber du bist ja nie zufrieden und findest immer ein Haar in der Suppe!

E: to find fault (with); to be pernickety
F: chercher la petite bête

jdm kein Haar krümmen
jdm nichts Böses antun

Die Bankangestellte wurde zwei Stunden lang als Geisel festgehalten, bevor die Polizei sie befreite. Sie kann von Glück reden, daß man ihr kein Haar gekrümmt hat.

E: not to harm a hair of s.o.'s head
F: ne pas toucher à un cheveu de qn

Laß dir (deswegen) keine grauen Haare wachsen!
Mache dir darüber keine Sorgen!

So, man hat dir deinen Wagen gestohlen? Laß dir deswegen keine grauen Haare wachsen — in ein paar Tagen wird ihn die Polizei sicher wiederfinden.

E: Don't lose any sleep over that!
F: Ne te fais pas de bile!

Da stehen einem die Haare zu Berge.
Man ist entsetzt.

Wenn man sieht, wie schnell manche Autofahrer die Kurven nehmen, stehen einem die Haare zu Berge.

E: Your hair stands on end.
F: C'est à vous faire dresser les cheveux sur la tête.

an den Haaren herbeigezogen
unpassend; nicht zur Sache gehörend; nicht den Tatsachen entsprechend

Du behauptest, ein Examen sei eine Art Roulette? Mir scheint, daß dieser Vergleich an den Haaren herbeigezogen ist.

E: far-fetched
F: tiré par les cheveux

sich in den Haaren liegen
sich streiten

Hörst du den Krach draußen auf der Treppe? Das sind die Damen vom vierten Stock. Sie liegen sich ständig in den Haaren.

E: to be at loggerheads
F: se crêper le chignon (nur für Frauen); avoir une prise de bec

aus jdm Hackfleisch machen (pop)
jdm eine harte (körperliche) Strafe androhen

Wenn der Kerl es noch einmal wagt, vor 8 Uhr morgens bei mir zu läuten, mache ich Hackfleisch aus ihm!

E: to make mincemeat out of s.o.
F: mettre qn en bouillie; faire de la chair à pâté de qn

Da kräht kein Hahn danach. (pop)
Kein Mensch kümmert sich darum.

Ihr seid mir schöne Freunde! Wenn ihr meine Hilfe braucht, dann kommt ihr her; aber wenn ich mal krank bin, dann kräht kein Hahn danach / nach mir.

E: Nobody gives a damn.
F: On s'en moque comme de l'an quarante. (lit)

halbe-halbe machen
die Kosten / den Gewinn teilen

Ich glaube, es ist besser, wenn wir bis zum Stadion ein Taxi nehmen. Was den Fahrpreis betrifft, so schlage ich vor, wir machen halbe-halbe.

E: to go fifty-fifty
F: faire moitié-moitié

jdn/etw auf dem Hals haben
Pflichten haben, die einem lästig sind

Meine Güte, was ich für Osterferien verbracht habe! Die ganze Verwandtschaft war bei mir zu Besuch, und die zwei Kinder meiner Nachbarin hatte ich auch noch auf dem Hals.

E: to have s.o./s.th. on one's hands
F: avoir qn/qc sur les bras

Das hängt mir zum Halse heraus. (pop)
Ich habe genug davon. Ich habe das satt.

Meinen Fernseher habe ich schon wochenlang nicht mehr eingeschaltet; die ewigen Werbesendungen hängen mir einfach zum Halse heraus.

E: I'm sick and tired of it. (nicht pop)
F: J'en ai ras le bol. J'en ai par-dessus la tête. (nicht pop)

seine Hand im Spiel haben
an einer Sache heimlich beteiligt sein

Reinhard hat eine sehr gute Stellung beim Auswärtigen Amt bekommen. Kein Wunder! Sein Onkel war viele Jahre Botschafter in den USA — der hat sicher seine Hand im Spiel gehabt.

E: to have a finger in the pie
F: y être pour qc

von der Hand in den Mund leben
sofort verbrauchen, was man verdient; nichts sparen können

Viele Studenten, denen die Eltern nicht helfen können, leben von der Hand in den Mund.

E: to live from hand to mouth
F: vivre au jour le jour

Man kann die Hand nicht vor den Augen sehen.
Man kann überhaupt nichts sehen.

So einen Nebel wie in London habe ich noch nie erlebt. Man konnte die Hand nicht vor den Augen sehen.

E: You can't see your hand in front of your face.
F: On n'y voit goutte.

weder Hand noch Fuß haben
nicht gut begründet sein

Seit einer Stunde versuchst du, mich davon zu überzeugen, daß die Bevölkerungsexplosion nicht zur Katastrophe führen muß. Aber was du sagst, hat weder Hand noch Fuß.

E: to be without rhyme or reason
F: n'avoir ni queue ni tête

die Hände in den Schoß legen
nicht mehr arbeiten; nichts tun

Mein Sohn glaubt, daß er während der Osterferien die Hände
in den Schoß legen kann. Dabei ist er in Mathematik und Englisch sehr schlecht.

E: to rest on one's oars
F: se croiser les bras

seine Hände in Unschuld waschen
erklären, daß man nicht schuldig oder verantwortlich ist

Der Prokurist will von den dunklen Geschäften seiner Firma
nichts gewußt haben. Er wäscht seine Hände in Unschuld.

E: to wash one's hands of it
F: s'en laver les mains

alle Hände voll zu tun haben
sehr viel Arbeit haben

Wenn du zu Dr. Kiefer gehen willst, dann am besten vormit-
tags; nachmittags und abends hat er alle Hände voll zu tun.

E: to have one's hands full
F: ne pas savoir où donner de la tête

jdm das Handwerk legen
jdn daran hindern, sein schädliches Tun fortzusetzen

Beim Oktoberfest in München treiben zahlreiche Taschendiebe
ihr Unwesen. Bis jetzt ist es der Polizei nicht gelungen, ihnen
das Handwerk zu legen.

E: to put a stop to it
F: mettre fin aux agissements de qn

Er ist ein Hansdampf in allen Gassen.
Er ist überall dabei und glaubt alles zu können.

Überall führt Peter das große Wort, und tatsächlich erweckt er den Eindruck, über alles genau Bescheid zu wissen. Wenn du von ihm aber etwas Bestimmtes erfahren möchtest, merkst du, daß er nur oberflächlich informiert ist. Er ist eben ein Hansdampf in allen Gassen.

E: He's a Jack-of-all-trades.
F: C'est un touche-à-tout.

jdm zeigen, was eine Harke ist
jdm energisch seine Meinung sagen

Schau mal an, da hat jemand seinen Wagen ganz nahe an meinem geparkt. Wie soll ich jetzt rausfahren? Wenn dieser Bursche kommt, werde ich ihm zeigen, was eine Harke ist!

E: to tell s.o. what's what
F: Je vais lui montrer de quel bois je me chauffe.

Da liegt der Hase im Pfeffer! (pop)
Darin liegt die Schwierigkeit. Das ist der entscheidende Punkt.

Englisch wäre vielleicht nicht so schwer zu lernen — aber die Aussprache! Da liegt der Hase im Pfeffer!

E: That's the snag!
F: Voilà le hic!

ganz aus dem Häuschen sein
vor Freude sehr aufgeregt sein

Als Reinhold im Radio hörte, daß er beim Toto tausend Mark gewonnen hatte, war er vor Freude ganz aus dem Häuschen.

E: to be beside oneself with joy
F: ne plus se sentir de joie

jdm haushoch überlegen sein
viel besser sein als ein anderer

Die neue Stenotypistin ist ganz ausgezeichnet. Sie ist allen ihren Kolleginnen haushoch überlegen.

E: to stand head and shoulders above the rest
F: dépasser qn de cent coudées

aus der Haut fahren
wütend werden

Ich bin ja sonst ein recht verträglicher Mensch. Aber jedesmal, wenn ein Lastwagen mich nicht überholen lassen will, könnte ich aus der Haut fahren.

E: to fly off the handle
F: sortir de ses gonds

nur noch Haut und Knochen sein
ganz abgemagert sein

Anita macht seit sechs Wochen eine Schlankheitskur. Sie hat schon zehn Kilo abgenommen und ist bald nur noch Haut und Knochen.

E: to be nothing but skin and bone
F: n'avoir (plus) que la peau et les os

alle Hebel in Bewegung setzen
alle Möglichkeiten/Beziehungen nutzen, um ein Ziel zu erreichen

Als bekannt wurde, daß die Stadt eine neue Sporthalle bauen wollte, setzte die Baufirma Müller alle Hebel in Bewegung, um den Auftrag zu bekommen. Mit Erfolg — wie man weiß.

E: to leave no stone unturned
F: mettre tout en œuvre

eine Heidenangst haben
große Angst haben

Immer wenn ich durch den dunklen Stadtpark gehen muß, habe ich eine Heidenangst.

E: to be scared stiff
F: avoir une peur bleue

keinen roten Heller * haben
überhaupt kein Geld haben

Heute morgen war ich im Einkaufszentrum. Als ich herauskam, hatte ich keinen roten Heller mehr und mußte zu Fuß nach Hause gehen.

E: not to have two halfpennies to rub together
F: ne pas avoir un rond (pop)

* der Heller = alte kleine Geldmünze

gedrängt wie die Heringe
dicht zusammengepreßt mit vielen anderen

Um fünf Uhr abends mit der U-Bahn zu fahren ist wirklich eine Qual. Die Leute stehen da gedrängt wie die Heringe.

E: packed together like sardines
F: serrés comme des harengs

sein Herz ausschütten
seine Sorgen / sein Leid erzählen

Wenn Adelheid Kummer hat, geht sie immer zu ihrer Schwester, um ihr Herz auszuschütten.

E: to pour one's heart out
F: vider son sac

sich ein Herz fassen
seinen ganzen Mut zusammennehmen

Lange stand Helmut vor der Tür des Direktors. Konnte er es
wagen, um eine Gehaltserhöhung zu bitten? Schließlich faßte
er sich ein Herz und klopfte an.

E: to take one's courage in both hands, to pluck up courage
F: prendre son courage à deux mains

jdn auf Herz und Nieren prüfen
jds Fähigkeiten und Kenntnisse gründlich prüfen

Ein Kandidat für den diplomatischen Dienst muß erwarten,
daß man ihn auf Herz und Nieren prüft, bevor man ihn ins
Ausland schickt.

E: to put s.o. to the test
F: examiner qn sur/sous toutes les coutures

aus seinem Herzen keine Mördergrube machen
offen sagen, was man denkt

Jeder weiß, was ich über unsere Stadträte denke. Ich mache
aus meinem Herzen keine Mördergrube.

E: to make no bones about it
F: avoir son franc-parler

sich etw zu Herzen nehmen
etw tief empfinden und darüber nachdenken

Ich sehe, du bist sehr betrübt, weil man dich in der Versamm-
lung kritisiert hat. Du mußt dir das nicht so zu Herzen nehmen.

E: to take s.th. to heart
F: prendre qc au tragique

sich wie im siebten Himmel fühlen
sehr glücklich sein

Dagmar und Julius haben sich gestern verlobt. Du kannst dir nicht vorstellen, wie glücklich sie sind: Sie fühlen sich wie im siebten Himmel.

E: to be in the seventh heaven
F: être au septième ciel

Himmel und Hölle in Bewegung setzen
alles versuchen, um zum Ziel zu kommen

Der Rechtsanwalt setzte Himmel und Hölle in Bewegung, um den Freispruch seines Klienten zu erreichen.

E: to move heaven and earth
F: remuer ciel et terre

jdm hängt der Himmel voller Geigen
jd ist glücklich und zuversichtlich

Helga hat am Konservatorium den ersten Preis bekommen: ein Stipendium für ein Studium in den USA. Nun hängt ihr der Himmel voller Geigen.

E: to walk on air
F: être aux anges

ins Hintertreffen* kommen/geraten
an Bedeutung verlieren; in eine nachteilige Lage geraten

Die englischen Parlamentswahlen der letzten Jahre haben klar gezeigt, daß die Liberale Partei immer mehr ins Hintertreffen geraten ist.

E: to fall behind
F: être en perte de vitesse

* aus dem Kriegswesen: „Treffen" bedeutete früher „kleines Gefecht".

(einer Frau) den Hof machen
um eine Frau werben

Hast du schon gemerkt? Unser neuer Buchhalter macht der Chefin den Hof — anscheinend ohne Erfolg.

E: to court
F: faire la cour

sich in die Höhle des Löwen begeben
zu einer mächtigen, gefürchteten Person oder Institution gehen

Wenn du Fragen zur Steuererklärung hast, dann frag doch lieber mich, anstatt aufs Finanzamt zu laufen. Willst du dich denn in die Höhle des Löwen begeben?

E: to put one's head in the lion's mouth
F: se jeter dans la gueule du loup

jdm die Hölle heiß machen
jdn (mit Schelten oder Drohungen) stark bedrängen

Was? Sabine hat schon wieder Vaters Wagen genommen, ohne ihn vorher zu fragen? Der wird ihr aber die Hölle heiß machen, wenn sie zurückkommt.

E: to give s.o. hell
F: en faire voir de toutes les couleurs à qn

auf dem Holzweg sein
sich irren

Wenn du glaubst, du könntest mir mit Drohungen Angst machen, dann bist du auf dem Holzweg.

E: to be barking up the wrong tree
F: faire fausse route

jdm Honig ums Maul schmieren (pop)
jdm schmeicheln

„Du, Helga, hast du schon gehört, daß die Maier bald Direktionssekretärin wird?" — „Na, das wundert mich nicht. Die schmiert doch dem Chef ständig Honig ums Maul."

E: to soft-soap s.o., to lick s.o.'s boots
F: passer de la pommade à qn

Das ist kein Honiglecken! (pop)
Das ist kein Vergnügen. Das ist nicht leicht.

Während der Ferien habe ich zwei Wochen lang bei der Weinernte in der Gegend von Bordeaux mitgeholfen. Ich kann euch sagen, das war kein Honiglecken!

E: It's no picnic!
F: C(e n)'est pas de la tarte!

Bei ihm ist Hopfen und Malz verloren.
Mit ihm ist alle Mühe umsonst.

Nachdem Uwe aus dem Gymnasium „geflogen" ist, will ihn sein Vater in ein Internat schicken; aber ich glaube, bei dem Jungen ist Hopfen und Malz verloren.

E: He's a hopeless case.
F: C'est peine perdue avec lui.

jdm vergeht Hören und Sehen
jd verliert fast die Besinnung

Als ich versuchte, die defekte elektrische Leitung selbst zu reparieren, bekam ich einen Schlag, so daß mir Hören und Sehen verging.

E: to be knocked senseless
F: en voir trente-six chandelles

sich die Hörner ablaufen/abstoßen
Dummheiten machen und durch die dabei gesammelten Erfahrungen klüger werden

„Was ist nur mit Willi los? In letzter Zeit macht er wirklich die verrücktesten Sachen!" — „Laß ihn doch! Er muß sich erst einmal die Hörner ablaufen, dann wird er sicher ein ganz tüchtiger Junge."

E: to sow one's wild oats
F: jeter sa gourme

Sie hat die Hosen an.
Sie führt das Kommando im Haus.

Wenn Herr Reiser am Stammtisch sitzt und ein paar Gläser Bier getrunken hat, dann läßt er niemanden zu Wort kommen. Aber zu Hause, da schweigt er, denn da hat seine Frau die Hosen an.

E: She wears the trousers.
F: C'est elle qui porte la culotte.

mit jdm ein Hühnchen zu rupfen haben
jdn zur Rede stellen wollen

Nächsten Sonntag kommt Onkel Karl zu uns. Mit ihm habe ich noch ein Hühnchen zu rupfen. Er hat mir das Buch, das ich ihm vor Jahren geborgt habe, immer noch nicht zurückgegeben.

E: to have a bone to pick with s.o.
F: avoir un compte à régler avec qn

jdm auf die Hühneraugen treten (pop)
jdn kränken, jdn beleidigen

Ich bin normalerweise ein ruhiger und friedlicher Mensch. Wenn mir aber jemand auf die Hühneraugen tritt, dann kann ich sehr unangenehm werden.

E: to tread on s.o.'s corns
F: marcher sur les pieds de qn

bekannt sein wie ein bunter Hund
überall bekannt sein

Der neue Musiklehrer mit den langen Haaren und dem riesigen Schnurrbart ist erst seit zwei Wochen in der Stadt, aber er ist schon bekannt wie ein bunter Hund.

E: to be known all over the place
F: être connu comme le loup blanc

vom Hundertsten ins Tausendste kommen
vom Thema immer weiter abkommen; ohne Ende erzählen

Mit Jürgen ein wirkliches Gespräch zu führen, ist aussichtslos — er kommt immer vom Hundertsten ins Tausendste.

E: to ramble on and on
F: passer (sans arrêt) du coq-à-l'âne

am Hungertuch nagen
im Elend leben

Ich rate Ihnen, Herr Müller, tun Sie schon jetzt alles Nötige für Ihre Altersversorgung! Sonst werden Sie am Hungertuch nagen, wenn Sie über 65 sind.

E: to be unable to keep the wolf from the door
F: manger de la vache enragée

vor jdm den Hut ziehen
Hut ab!
vor jdm großen Respekt haben

Herr Emser ist Studienrat an einem Gymnasium, Verfasser von mehreren Lehrbüchern und außerdem Mitglied des Gemeinderats. Hut ab vor diesem Mann!

E: to take one's hat off to s.o. / hats off!
F: tirer son chapeau à qn / chapeau bas!

J

Das ist Jacke wie Hose. (pop)
Das ist genau das gleiche.

Ich bin gegen jede Diktatur. Ob sie von rechts oder von links kommt, das ist Jacke wie Hose.

E: It's much of a muchness.
F: C'est bonnet blanc et blanc bonnet. (nicht pop)

Das kommt alle Jubeljahre (einmal) vor.
Das geschieht sehr selten.

Schau mal, da ist ein Brief von unserem Neffen aus Paris! Das kommt alle Jubeljahre einmal vor. Wahrscheinlich braucht er Geld.

E: It happens once in a blue moon.
F: Cela arrive tous les trente-six du mois.

K

jdn durch den Kakao ziehen
viel über jdn reden (oft Schlechtes)

Jeden Mittwoch treffen sich meine Frau und ihre zwei Freundinnen im Café. Bei der Gelegenheit ziehen sie natürlich sämtliche Bekannte und Verwandte durch den Kakao.

E: to run s.o. down
F: casser du sucre sur le dos de qn

über einen Kamm scheren
gleich beurteilen

Warum schimpfen Sie schon wieder über die heutige Jugend? Ich kenne viele nette, hilfsbereite Jungen und Mädchen. Man darf doch nicht alle über einen Kamm scheren.

E: to tar with the same brush
F: mettre dans le même sac

unter aller Kanone (pop)
sehr schlecht

Das gestrige Fernsehprogramm war wieder einmal unter aller Kanone.

E: beyond words (nicht pop), lousy
F: au-dessous de tout

alles auf eine Karte setzen
alles riskieren, um ein wichtiges Ziel zu erreichen

Um die Geiseln zu befreien, setzte der Polizeichef alles auf eine Karte: Er befahl, das Versteck der Banditen zu stürmen.

E: to put all one's eggs in one basket
F: risquer le tout pour le tout

die Kastanien aus dem Feuer holen
etwas Unangenehmes oder Gefährliches tun

Ich soll mit dem Zollbeamten sprechen, damit er dir die beschlagnahmten Zigaretten zurückgibt? Tu' das ruhig selbst! Ich habe keine Lust, für dich die Kastanien aus dem Feuer zu holen.

E: to pull the chestnuts out of the fire
F: tirer les marrons du feu

einen Kater haben
nach Alkoholgenuß an Müdigkeit und Kopfschmerzen leiden

An Karls Geburtstag tranken wir bis spät in die Nacht. Am nächsten Morgen hatte ich einen schlimmen Kater — ich konnte kaum die Augen aufmachen.

E: to have a hangover
F: avoir la gueule de bois (pop)

Es ist alles für die Katz'.
Es ist alles umsonst. Es ist zwecklos.

Eine Woche habe ich an der Rede gearbeitet, die ich bei der Abschiedsfeier unseres Direktors halten sollte. Leider war alles für die Katz', der Direktor bleibt noch ein Jahr.

E: It is all for nothing.
F: C'est pour des prunes.

die Katze aus dem Sack lassen
ein Geheimnis ausplaudern

Brigitte tut in letzter Zeit sehr geheimnisvoll, und gestern hat Rolf die Katze aus dem Sack gelassen — die beiden wollen bald heiraten.

E: to let the cat out of the bag
F: vendre la mèche

60

die Katze im Sack kaufen
etwas erwerben, ohne es vorher zu sehen oder zu prüfen

Heutzutage kann man Kleider, Möbel, Schuhe und alles, was man sonst braucht, nach Katalog bestellen. Ich tue das nicht. Ich kaufe doch nicht die Katze im Sack!

E: to buy a pig in a poke
F: acheter chat en poche

wie die Katze um den heißen Brei herumgehen
um eine Sache herumreden

Sag mir doch endlich, warum du mich so dringend sprechen wolltest, und geh nicht wie die Katze um den heißen Brei herum.

E: to beat about the bush
F: tourner autour du pot

Es ist nur ein Katzensprung.
Es ist ganz nahe.

Frau Meier braucht zum Einkaufen nicht den Wagen zu nehmen; bis zum Supermarkt ist es nur ein Katzensprung.

E: It's only a stone's throw.
F: C'est à deux pas (d'ici).

etw im Keim ersticken
etw in den Anfängen vernichten

Mit der Verhaftung der Anführer wurde der Umsturzversuch der Anarchisten im Keim erstickt.

E: to nip s.th. in the bud
F: étouffer qc dans l'œuf

etw auf dem Kerbholz * haben
etw Unrechtes getan haben

Was sagen Sie dazu: Mein neuer Untermieter will auf keinen
Fall, daß ich ihn bei der Polizei anmelde. Komisch — vielleicht hat er etwas auf dem Kerbholz?

E: to have a (police) record
F: avoir maille à partir avec (la justice)

* Auf dem Kerbholz wurden im Mittelalter Geldschulden durch
Einschnitte (= Kerben) gekennzeichnet.

das Kind beim Namen nennen
etw klar und direkt sagen

Sie sagen, der Kassierer habe sich um ein paar hundert Mark
geirrt? Nennen wir doch das Kind beim Namen: Der Mann
hat gestohlen.

E: to call a spade a spade
F: appeler un chat un chat

Mit ihm ist nicht gut Kirschen essen.
Mit ihm kann man nicht gut auskommen.

Ich würde Ihnen raten, mit unserem Hausherrn keine Diskussion wegen der Mieterhöhung zu beginnen. Mit dem Mann ist
nicht gut Kirschen essen.

E: He's an awkward customer.
F: Il n'est pas à prendre avec des pincettes.

einen Klotz am Bein haben
eine schwere Belastung oder Verpflichtung zu tragen haben

Michael hätte gern geheiratet und eine schöne Wohnung gemietet, aber er hat einen Klotz am Bein: 10 000 Mark Schulden.

E: to have a millstone round one's neck
F: avoir un boulet à traîner

jdm einen Knüppel zwischen die Beine werfen
jdm Schwierigkeiten bereiten

Hüte dich vor Herrn Neidhardt. Wenn der einen Kollegen nicht leiden kann, zögert er nicht, ihm einen Knüppel zwischen die Beine zu werfen.

E: to put a spoke in s.o.'s wheel
F: mettre à qn des bâtons dans les roues

wie auf glühenden Kohlen sitzen
in großer Unruhe sein

Während die Professoren über das Ergebnis des Examens berieten, saß der Kandidat wie auf glühenden Kohlen.

E: to be on tenterhooks, to be like a cat on hot bricks
F: être sur des charbons ardents

sich etw aus dem Kopf schlagen
ein Vorhaben aufgeben

Ein neues Auto kaufen? Bei diesen Preissteigerungen? Für dieses Jahr müssen wir uns das aus dem Kopf schlagen.

E: to get s.th. out of one's head
F: rayer qc de ses tablettes

Ich weiß nicht, wo mir der Kopf steht.
Ich bin ganz verwirrt (durch viel Arbeit oder viele Sorgen).

Heute sind so viele Kunden in unserem Geschäft, daß ich nicht mehr weiß, wo mir der Kopf steht.

E: I don't know whether I'm coming or going.
F: Je ne sais plus où donner de la tête.

Kopf und Kragen riskieren
sein Leben / seine Existenz gefährden

Nie wieder steige ich in Brunos Auto ein. Der fährt so verrückt, daß man Kopf und Kragen riskiert.

E: to risk one's neck
F: risquer sa peau

den Kopf verlieren
in Panik geraten und unüberlegt handeln

Als der Autofahrer sah, daß der Fußgänger verletzt liegen blieb, verlor er den Kopf und raste davon.

E: to lose one's head
F: perdre la tête

jdm den Kopf waschen
jdm gründlich die Meinung sagen; jdn tüchtig schelten

Klaus hat heute schon wieder beim Fußballspielen eine Fensterscheibe eingeworfen. Diesmal habe ich ihm aber gehörig den Kopf gewaschen.

E: to give s.o. a dressing-down
F: passer un savon à qn

sich den Kopf zerbrechen
angestrengt nachdenken

Michael hat sich stundenlang den Kopf zerbrochen, aber er konnte die Mathematikaufgabe nicht lösen.

E: to rack one's brains
F: se creuser la tête

Krach / einen Riesenkrach schlagen
laut und energisch protestieren; schimpfen

Stellen Sie sich vor: Gestern ist meine vierzehnjährige Tochter erst um ein Uhr nachts nach Hause gekommen. Natürlich habe ich einen Riesenkrach geschlagen.

E: to raise hell
F: faire du pétard / un pétard du diable

Ihm platzt der Kragen. (pop)
Er ist wütend.

Jedesmal wenn Martin etwas erzählt, redet ihm seine kleine Schwester dazwischen. Gestern platzte ihm schließlich der Kragen, und er gab ihr eine schallende Ohrfeige.

E: to lose one's temper (nicht pop)
F: La moutarde lui monte au nez; se mettre en rogne

Krokodilstränen vergießen
heuchlerisch weinen

Die junge Witwe weinte jedesmal, wenn sie von ihrem Mann sprach. Aber es waren nur Krokodilstränen, drei Monate später war sie wieder verheiratet.

E: to shed crocodile tears
F: verser des larmes de crocodile

Was ist dir denn in die Krone gefahren? (pop)
Was ist denn mit dir los? Was hat dich verärgert?

Was ist dir denn in die Krone gefahren? Seit zehn Minuten spreche ich zu dir, und du sagst kein Wort.

E: What's up with you? What's got into you? (nicht pop)
F: Quelle mouche te pique?

eine ruhige Kugel schieben
eine leichte Arbeit haben; sich nicht anstrengen

Unser Kollege Meier hat es gut. Während wir uns fast tot-arbeiten, sitzt er in seinem Büro und schiebt eine ruhige Kugel.

E: to take it easy
F: se la couler douce

Das geht auf keine Kuhhaut! (pop)
Das übersteigt das erträgliche Maß. Das ist nicht zu be-schreiben!

Inge ist sehr stolz darauf, daß sie etwas Französisch kann. Aber beim Schreiben macht sie Fehler — das geht auf keine Kuh-haut!

E: That beats everything. (nicht pop)
F: Ça dépasse l'entendement. (nicht pop)

den kürzeren ziehen
benachteiligt werden; unterliegen

Es hat gar keinen Zweck, daß ich mit meiner Frau darüber spreche; ich ziehe ja doch immer den kürzeren.

E: to come off worst, to be the loser
F: avoir le dessous

L

für jdn eine Lanze brechen
für jdn eintreten; für jdn sprechen

Der Abgeordnete der Oppositionspartei sagte, er wolle eine
Lanze für die Gastarbeiter brechen. Man dürfe doch nicht vergessen, unter welch schwierigen Bedingungen sie arbeiten.

E: to take up the cudgels for s.o.
F: prendre fait et cause pour qn

mit seinem Latein / seiner Weisheit am Ende sein
nicht mehr weiter wissen

Der Mechanismus dieses Fotoapparats ist furchtbar kompliziert.
— Ich bin mit meinem Latein am Ende!

E: to be at one's wits' end
F: y perdre son latin

jdn auf dem laufenden halten
jdn ständig über alle Neuigkeiten informieren

Mein Bruder ist gestern mit Kreislaufbeschwerden ins Krankenhaus eingeliefert worden. Ich habe meine Schwägerin gebeten,
mich über seinen Zustand auf dem laufenden zu halten.

E: to keep s.o. posted
F: tenir qn au courant

sich wie ein Lauffeuer verbreiten
sich sehr schnell herumsprechen

Die Nachricht von dem Zusammenstoß zwischen Polizei und
Studenten verbreitete sich wie ein Lauffeuer in der Stadt.

E: to spread like wildfire
F: se répandre comme une traînée de poudre

jdm den Laufpaß geben
sich von jdm trennen; jdn entlassen

Mir ist nicht klar, was zwischen Sophie und Werner vorgefallen ist. Ich weiß nur, daß sie ihm den Laufpaß gegeben hat.

E: to give s.o. the push (pop)
F: envoyer promener qn

die beleidigte Leberwurst spielen
grundlos beleidigt sein

Wir haben Sabine doch nur gefragt, warum sie immer so nervös ist, wenn sie am Steuer ihres Wagens sitzt — und jetzt spielt sie die beleidigte Leberwurst.

E: to be in a huff
F: faire la tête

(jdm) auf den Leim gehen
sich (von jdm) betrügen lassen

Stell dir vor, dieser Gauner hat sich als Vertreter eines Wohl-fahrtswerks ausgegeben und in unserem Haus um Spenden gebeten. Sogar Quittungen hat er ausgestellt! Kein Wunder, daß ihm mehrere Hausfrauen auf den Leim gegangen sind.

E: to fall for it
F: tomber dans le panneau

eine lange Leitung haben (pop)
nur langsam begreifen

Der Alex hat immer noch nicht gemerkt, daß Elke nichts von ihm wissen will. Der hat aber eine lange Leitung!

E: to be slow on the uptake
F: avoir la comprenette un peu dure

jdm die Leviten lesen *

jdn energisch zurechtweisen, jdn tadeln

„Ich muß Ihnen leider sagen, daß wir mit Ihrer Tochter in letzter Zeit nicht zufrieden sind: sie paßt im Unterricht nicht auf und macht auch keine Hausaufgaben mehr." — „So? Da werde ich ihr mal gehörig die Leviten lesen."

E: to read the riot-act
F: laver la tête à qn

* Von „Leviticus", dem 3. Buch Moses (Bibel), das Vorschriften für das Volk Israel enthält.

Liebe auf den ersten Blick

Liebe gleich bei der ersten Begegnung

Ich habe Verena auf einem Ball kennengelernt. Es war Liebe auf den ersten Blick.

E: love at first sight
F: coup de foudre

jdn links liegenlassen

jdn nicht beachten

Da wir mit unseren Verwandten dauernd Ärger haben, haben wir beschlossen, sie einfach links liegenzulassen.

E: to ignore s.o.
F: faire comme si qn n'existait pas

an jds Lippen hängen

jdm mit größter Aufmerksamkeit zuhören

Gestern hielt Professor Berger einen Vortrag über das Thema „Liebe und Ehe". Die Zuhörer hingen an seinen Lippen — besonders die Damen!

E: to hang on s.o.'s words
F: être suspendu aux lèvres de qn

auf dem letzten Loch pfeifen
am Ende seiner Kraft sein

Herr Gruber hat keinen Bankkredit mehr bekommen. Jetzt pfeift er auf dem letzten Loch.

E: to be on one's last legs
F: être au bout de son rouleau

jdm eins hinter die Löffel * geben (pop)
jdm eine Ohrfeige geben

Fritz, du Lümmel! Wenn du noch einmal mit Papierkügelchen wirfst, gebe ich dir eins hinter die Löffel!

E: to box s.o.'s ears
F: filer une baffe à qn

* die Löffel = die Ohren eines Hasen (Jägersprache)

sich auf seinen Lorbeeren ausruhen
nach einem Erfolg nichts mehr tun

Es ist sehr schön, Rudi, daß du dein Abitur geschafft hast. Aber du mußt jetzt weiter arbeiten; du darfst dich nicht auf deinen Lorbeeren ausruhen.

E: to rest on one's laurels
F: se reposer sur ses lauriers

Luftschlösser bauen
Pläne machen, die nicht zu verwirklichen sind

Wir waren beide jung und hatten wenig Geld, aber die ganze Zeit bauten wir Luftschlösser.

E: to build castles in the air / in Spain
F: bâtir des châteaux en Espagne

Lunte riechen (pop)
eine Gefahr spüren; Verdacht schöpfen

Die Polizei wollte den Erpresser verhaften, wenn er das Geld abholen würde. Aber der Mann hatte Lunte gerochen und kam nicht zum Treffpunkt.

E: to smell a rat
F: éventer la mèche (nicht pop)

etw unter die Lupe nehmen
etw sorgfältig prüfen

Du willst einen Gebrauchtwagen kaufen? Dann mußt du ihn aber vorher genau unter die Lupe nehmen. Eine schöne Karosserie ist keine Garantie für einen guten Motor.

E: to take a good look at s.th.
F: examiner qc sous/sur toutes les coutures

M

Das ist alles Mache. (pop)
Das ist alles Täuschung. Das ist alles Schwindel.

Du glaubst doch nicht etwa, daß beim Catch-as-catch-can die Gegner sich wirklich wehtun? Das ist doch alles nur Mache!

E: It's all show.
F: C'est du chiqué / de la frime.

sein Mäntelchen nach dem Wind hängen
sich der vorherrschenden Meinung anpassen; Opportunist sein

Die Regierungen kommen und gehen, aber der Staatssekretär Schmiedig bleibt; er hat es immer verstanden, sein Mäntelchen nach dem Wind zu hängen.

E: to be a turncoat
F: retourner sa veste

Märchen erzählen
unwahre Geschichten erzählen

Onkel Benno darfst du kein Wort glauben, wenn er über seine Kriegserlebnisse spricht. Er erzählt gern Märchen.

E: to tell cock-and-bull stories
F: raconter des histoires

Das geht mir durch Mark und Bein.
Das macht mich schaudern. Das erschüttert mich.

Hast du schon einmal einen Schakal nachts heulen hören? So etwas geht einem durch Mark und Bein.

E: It gives me the shivers.
F: Cela me fait froid dans le dos.

Das Maß ist voll.
Meine Geduld ist zu Ende.

Drei Monate sind um, und Rolf hat mir das Geld immer noch nicht zurückgegeben. Jetzt ist das Maß voll; ich übergebe die Sache einem Rechtsanwalt.

E: That's the limit.
F: La coupe est pleine. La mesure est comble.

mit zweierlei Maß messen
ungerecht urteilen; parteiisch sein

Mein Sohn hat eine Verwarnung bekommen, weil er den Musikunterricht gestört hat, aber die anderen Störenfriede sind ungeschoren davongekommen. Dieser Musiklehrer scheint mit zweierlei Maß zu messen.

E: to be biased
F: avoir deux poids, deux mesures

Bei mir ist Mattscheibe. (pop)
Ich kann keinen klaren Gedanken fassen.

Bitte, beginne jetzt keine Diskussion über Politik! Ich bin erst um zwei Uhr morgens ins Bett gekommen; bei mir ist heute Mattscheibe.

E: My mind is a complete blank. (nicht pop)
F: J'ai la tête vide. (nicht pop)

jdm das Messer an die Kehle / die Pistole auf die Brust setzen
jdn (durch Drohungen) zu etw zwingen

Mein Nachbar hat mir das Messer an die Kehle gesetzt. Wenn ich ihm bis morgen das Geld nicht zurückzahle, will er mich bei Gericht verklagen.

E: to hold a knife at s.o.'s throat
F: mettre à qn le couteau sur la gorge

keine Miene verziehen
keine Gemütsbewegung zeigen

Als der Richter das Urteil verkündete — 5 Jahre Gefängnis —, verzog der Angeklagte keine Miene.

E: not to turn a hair
F: ne pas sourciller

gute Miene zum bösen Spiel machen
seinen Ärger nicht zeigen

Lola langweilte sich sehr bei der Wahlversammlung, aber sie machte gute Miene zum bösen Spiel und blieb mit ihrem Mann bis zum Schluß.

E: to put a brave face on it
F: faire contre mauvaise fortune bon cœur

fünf Minuten vor zwölf
im letzten Moment

Wenn der Arzt nicht sofort meine geschwollene Hand operiert hätte, dann hätte ich bestimmt eine Blutvergiftung bekommen. Es war wirklich fünf Minuten vor zwölf.

E: at the eleventh hour
F: (C'était) moins une!

aus einer Mücke einen Elefanten machen
eine unbedeutende Sache zu wichtig nehmen

Maria behauptet, ich hätte sie schwer beleidigt. Dabei habe ich nur gesagt, daß sie etwas rundlicher aussieht als vor einem Monat. Sie macht immer gleich aus einer Mücke einen Elefanten.

E: to make a mountain out of a mole-hill
F: faire une montagne de qc

keinen Mumm * in den Knochen haben (pop)
keinen Mut, keine Energie haben

Otto spielt schon seit langem mit dem Gedanken, für ein paar Jahre ins Ausland zu gehen. Aber er fürchtet das Risiko. Er hat eben keinen Mumm in den Knochen.

E: to have no guts
F: ne rien avoir dans le ventre

* Mumm = Mut (Umgangssprache)

nicht auf den Mund gefallen sein
gut reden können; schlagfertig sein

Ihr hättet hören sollen, wie Joachim in der Diskussion gestern die Demokratie verteidigt hat! Ich kann euch sagen, der ist nicht auf den Mund gefallen.

E: to have the gift of the gab
F: avoir la langue bien pendue

74

den Mund halten
schweigen

Ich möchte jetzt die Nachrichten hören. Könnt ihr nicht ein paar Minuten lang den Mund halten?

E: to keep one's mouth shut
F: la fermer

Mund und Nase aufsperren
sehr erstaunt sein

Als Therese im Büro erzählte, daß sie einen Millionär heiraten werde, sperrten die Kollegen Mund und Nase auf.

E: to be left open-mouthed
F: rester bouche bée

jdm mit gleicher Münze heimzahlen
jdm das gleiche antun, was er einem selbst zugefügt hat

Ich habe nicht vergessen, wie grob Kollege Ruhmann zu mir gewesen ist. Bei Gelegenheit werde ich es ihm mit gleicher Münze heimzahlen.

E: to give s.o. a taste of his own medicine, to pay s.o. back in his own coin
F: rendre à qn la monnaie de sa pièce

etw für bare Münze nehmen
etw für wahr halten

Der Vorsitzende unseres Kegelklubs hat schon mehrmals gedroht, er werde zurücktreten, wenn die Mitglieder nicht pünktlich ihre Beiträge zahlen. Aber man darf nicht alles, was er sagt, für bare Münze nehmen.

E: to take s.th. at its face value
F: prendre qc pour argent comptant

schlafen wie ein Murmeltier
sehr fest schlafen

Nachdem wir den ganzen Tag in den Bergen herumgeklettert waren, übernachteten wir in einer Jugendherberge. Trotz der harten Matratzen schlief ich wie ein Murmeltier.

E: to sleep like a log
F: dormir comme une marmotte

N

den Nagel auf den Kopf treffen
genau das Richtige tun oder sagen

Professor Weise erklärte seinen Studenten: „Wer eine Sprache gut beherrschen will, muß recht viele Redewendungen lernen." Damit hat er den Nagel auf den Kopf getroffen.

E: to hit the nail on the head
F: mettre dans le mille

an jdm einen Narren gefressen haben
für jdn eine auffallende Sympathie haben

Daß Eva an dem Kerl einen Narren gefressen hat, ist mir einfach unverständlich; er ist doch so dumm und langweilig.

E: to have a crush on s.o.
F: avoir le béguin pour qn (ausschließlich auf Mann-Frau-Beziehung anwendbar)

jdn zum Narren halten
jdn täuschen; sich über jdn lustig machen

Ehrlich gesagt, ich glaube nicht an die Versprechungen unseres Freundes Helmut. Ich habe eher den Eindruck, daß er uns zum Narren hält.

E: to make a fool of s.o.
F: se payer la tête de qn

jdn an der Nase herumführen
jdn täuschen; seinen Scherz mit jdm treiben

Aber Susanne! Glaubst du wirklich, daß Emil dich heiraten will? Der führt dich doch nur an der Nase herum!

E: to lead s.o. up the garden path
F: mener qn en bateau

in alles seine Nase hineinstecken
sich überall einmischen; neugierig sein

Herr Lehmann hat öfters Krach mit seiner Schwiegermutter. Ich kann das verstehen; sie steckt auch in alles ihre Nase hinein.

E: to poke one's nose into everything
F: fourrer son nez partout

nicht weiter als seine Nasenspitze sehen
nicht sehr klug sein; nicht an die Zukunft denken

Jürgen will nicht auf die Uni gehen; er behauptet, es sei schade um die Zeit, und er wolle so rasch wie möglich Geld verdienen. Mit dem ist nichts zu machen — der sieht nicht weiter als seine Nasenspitze.

E: He can't see any further than his nose.
F: Il ne voit pas plus loin que le bout de son nez.

jdm auf die Nerven fallen
jdn nervös machen; jdm lästig werden

Am Anfang fand ich Leo ganz amüsant, aber jetzt fällt er mir mit seinen blöden Witzen auf die Nerven.

E: to get on s.o.'s nerves
F: taper sur les nerfs / sur le système de qn

mit knapper Not davonkommen
gerade noch einer Gefahr entkommen

Bei dem Großbrand des Hotels Phoenix sind mehrere Gäste nur mit knapper Not davongekommen.

E: to escape by the skin of one's teeth
F: s'en tirer de justesse

seine liebe Not mit jdm haben
große Schwierigkeiten mit jdm haben

Herr und Frau Burger haben ihre liebe Not mit dem ältesten Sohn. Er ist einer radikalen Gruppe beigetreten und will keine Autorität mehr anerkennen.

E: to have no end of trouble with s.o.
F: en voir de toutes les couleurs avec qn

O

die Oberhand gewinnen
siegen; der Stärkere sein

Manchmal ist er sehr deprimiert, aber dann gewinnt sein Optimismus doch immer wieder die Oberhand.

E: to get the upper hand
F: reprendre le dessus

jdn übers Ohr hauen (pop)
jdn betrügen

Der Obsthändler hat mich heute ganz schön übers Ohr gehauen: Von den Äpfeln, die er mir verkauft hat, war die Hälfte verdorben — und ich habe es erst zu Hause gemerkt!

E: to take s.o. for a ride
F: rouler qn

ganz Ohr sein
aufmerksam zuhören

Ich erinnere mich sehr gut; jedesmal, wenn unser Geschichts-
lehrer über Hannibals Feldzüge sprach, waren wir ganz Ohr.

E: to be all ears
F: être tout oreilles

nur mit halbem Ohr zuhören
nicht sehr aufmerksam sein

Gestern erzählte uns Tante Brigitte, was ihr alles in Italien
passiert ist. Ehrlich gesagt, ich habe nur mit halbem Ohr zu-
gehört

E: to listen with half an ear
F: n'écouter que d'une oreille

es faustdick hinter den Ohren haben
sehr schlau und gerissen sein

Ich rate dir dringend, dich mit unserem Hauswirt nicht in
Geschäfte einzulassen. Der Mann hat es faustdick hinter den
Ohren.

E: to be a cunning so-and-so; to be a sly devil
F: être malin comme un singe

bis über die Ohren in Schulden stecken
viele Schulden haben

Kollege Roßmann gibt sein ganzes Geld im Wettbüro aus. Jetzt
steckt er bis über die Ohren in Schulden.

E: to be up to one's eyes in debt
F: être endetté jusqu'au cou, être criblé de dettes

jdm (mit etw) in den Ohren liegen
jdn dauernd mit der gleichen Sache belästigen

Meine Frau will unbedingt, daß ich ein Klavier kaufe. Seit Monaten liegt sie mir damit in den Ohren. Ihre Sorgen möchte ich haben!

E: to go on at s.o. (about s.th.)
F: rebattre les oreilles à qn (de qc)

sich etw hinter die Ohren schreiben
sich etw gut merken

Wenn wieder jemand zu spät zum Unterricht kommt, schicke ich ihn zum Direktor. Schreibt euch das hinter die Ohren!

E: Get that into your head!
F: Mettez-vous ça dans la tête!

die Ohren spitzen
plötzlich aufmerksam werden und genau zuhören

Unser neuer Generaldirektor hielt eine lange Rede, die das versammelte Personal nicht sehr interessierte. Als er aber das Thema „Löhne und Gehälter" ansprach, spitzten alle die Ohren.

E: to prick up one's ears
F: dresser l'oreille

bis über die Ohren verliebt sein
sehr verliebt sein

Ich fürchte, daß Klaus dieses Jahr sein Abitur nicht schaffen wird. Er ist bis über die Ohren in eine Mitschülerin verliebt.

E: to be head over heels in love
F: être amoureux fou

Öl ins Feuer gießen
einen Streit noch verschärfen

Oh, diese Schwiegermutter! Statt das streitende junge Ehepaar zu beruhigen, gießt sie noch Öl ins Feuer.

E: to add fuel to the flames
F: jeter de l'huile sur le feu

P

Er steht unter dem Pantoffel.
Er wird von seiner Frau beherrscht.

Im Betrieb spielt Kollege Schuhmacher den Chef, aber zu Hause steht er unter dem Pantoffel.

E: He's a henpecked husband.
F: Il se laisse mener par le bout du nez.

päpstlicher als der Papst sein
übertrieben streng und dogmatisch-starr sein

Wenn ich auf dem Finanzamt zu tun habe, gehe ich direkt zum Oberinspektor; bei den kleinen Beamten kann man nichts erreichen, sie wollen alle päpstlicher sein als der Papst.

E: to overdo s.th.
F: être plus royaliste que le roi

(mächtig) auf die Pauke hauen (pop)
tüchtig feiern

Wenn das Examen vorbei ist, dann werden wir ein paar Tage lang mächtig auf die Pauke hauen.

E: to paint the town red
F: faire la bringue

Pech haben
kein Glück haben

Mit unserem neuen Wagen haben wir wirklich Pech; wir mußten ihn nun schon zum dritten Mal in die Werkstatt bringen.

E: to have bad luck
F: ne pas avoir de veine

wie Pech und Schwefel zusammenhalten
unzertrennlich sein

Fritz und Franz sind wirklich dicke Freunde. Die beiden halten
zusammen wie Pech und Schwefel!

E: to be as thick as thieves
F: s'entendre comme larrons en foire

Sie soll bleiben, wo der Pfeffer wächst. (pop)
Ich wünsche sie weit weg. Sie soll fortbleiben.

Was? Die griesgrämige alte Tante will das Wochenende bei uns
verbringen? Sie soll bleiben, wo der Pfeffer wächst!

E: Tell her to go to hell!
F: Qu'elle aille se faire voir ailleurs!

nach jds Pfeife tanzen
immer tun, was ein anderer will

Wenn Frau Ohm nichts für unseren Gesangverein spenden will,
dann brauchen wir ihren Mann gar nicht erst zu bitten. Der
tanzt ja nur nach ihrer Pfeife.

E: to dance to s.o.'s tune
F: se laisser mener par le bout du nez

82

arbeiten wie ein Pferd
schwer arbeiten

Drei Monate habe ich in einer Gießerei gearbeitet. Nie wieder!
Man arbeitet wie ein Pferd, und die Bezahlung ist mäßig.

E: to work like a slave
F: travailler comme un nègre

das Pferd beim Schwanz aufzäumen
eine Sache in der falschen Reihenfolge anpacken

Sie wollen nach Frankreich fahren und dann erst Französisch
lernen? Wollen Sie denn das Pferd beim Schwanz aufzäumen?
Beginnen Sie lieber schon jetzt, die Sprache zu lernen.

E: to put the cart before the horse
F: mettre la charrue devant les bœufs

einen Pik * auf jdn haben
jdn aus einem bestimmten Grund nicht leiden mögen

Seitdem ich keine Überstunden mehr machen will, hat unser
Abteilungsleiter einen Pik auf mich.

E: to have it in for s.o.
F: avoir une dent contre qn

* „Pik" geht auf französisch „pique" (= Spieß) zurück.

die bittere Pille schlucken
etwas Unangenehmes akzeptieren oder tun müssen

„Müssen wir denn wirklich unser Auto verkaufen?" — „Ja,
bei den steigenden Preisen können wir es uns einfach nicht
mehr leisten. Da hilft nichts, wir müssen die bittere Pille
schlucken."

E: to grin and bear it
F: avaler la pilule

eine neue Platte auflegen (pop)
endlich das Thema wechseln

Meine Güte! Seit einer Stunde erzählst du von deiner Fahrprüfung. Leg doch mal eine neue Platte auf!

E: to stop harping on s.th.
F: changer de disque

von Pontius zu Pilatus laufen *
zu vielen Personen/Ämtern gehen, um etw zu erreichen

Gestern vormittag bin ich von Pontius zu Pilatus gelaufen,
bis ich endlich meinen Paß, das Visum und die Flugkarte nach
Argentinien in der Hand hatte.

E: to be sent from pillar to post
F: courir de tous les côtés

* Wortspiel mit dem Namen eines römischen Prokurators zur
Zeit Jesu Christi: Pontius Pilatus

mit jdm kurzen Prozeß machen
jdn hart anfassen; mit jdm keine Umstände machen

„So kann das nicht weitergehen", erklärte der Leiter des
Kaufhauses. „Wenn wieder einmal ein Kunde bei einem Diebstahl ertappt wird, dann mache ich kurzen Prozeß mit ihm
und zeige ihn bei der Polizei an."

E: to give short shrift to s.o. (lit)
F: ne pas y aller par quatre chemins

Er hat das Pulver nicht erfunden.
Er ist nicht sehr intelligent.

Der neue Vertreter gibt sich zwar große Mühe, aber das Pulver hat er nicht erfunden.

E: He will never set the Thames on fire.
F: Il n'a pas inventé la poudre.

sein Pulver verschossen haben
keine Kraft / keine Argumente mehr haben

Gestern geriet ich mit Werner in eine heftige Diskussion über die gegenwärtige Wirtschaftslage. Er glaubte, meine Ansichten leicht widerlegen zu können; es zeigte sich aber, daß er sein Pulver sehr bald verschossen hatte und mir letzten Endes rechtgeben mußte.

E: to have shot one's bolt
F: avoir brûlé ses dernières cartouches

wie auf dem Pulverfaß sitzen
in größter Gefahr sein

Auch auf der letzten Welternährungskonferenz gelang es den Delegierten nicht, eine gemeinsame Strategie gegen Hunger und Arbeitslosigkeit zu entwickeln. Sie wollen nicht wahrhaben, daß wir auf einem Pulverfaß sitzen.

E: to be sitting on top of a volcano
F: danser sur un volcan

85

am toten Punkt angekommen sein
in einer Sache nicht weiterkommen

Die Verhandlungen zwischen den Metallarbeitern und den Unternehmern sind wieder am toten Punkt angekommen. Der Streik geht weiter.

E: to reach deadlock
F: être au point mort

R

das fünfte Rad am Wagen sein
überzählig/überflüssig sein

Bei Ursulas Geburtstagsparty habe ich mich furchtbar gelangweilt. Jeder Herr brachte seine Dame mit, nur ich hatte niemanden zum Tanzen. Ich war wieder einmal das fünfte Rad am Wagen.

E: to be the odd man out
F: être la cinquième roue du carrosse

unter die Räder kommen
zugrunde gehen

Ich habe gehört, daß Georg angefangen hat, Haschisch zu nehmen. Wenn das stimmt, wird er wohl bald unter die Räder kommen.

E: to go to the dogs
F: finir dans le ruisseau

jdm den Rang ablaufen
jdn übertreffen

Beim Schönheitswettbewerb in Miami hatte man zunächst den
Eindruck, daß Miss Texas den ersten Preis bekommen würde,
aber die Konkurrentin aus Colorado hat ihr schließlich den
Rang abgelaufen.

E: to get the better of s.o.
F: damer le pion à qn

die Rechnung ohne den Wirt machen
bei seinen Überlegungen wichtige Umstände außer acht lassen

Herr Pfeifer hatte bereits große Pläne für seinen Sommer-
urlaub geschmiedet. Aber er hatte die Rechnung ohne den Wirt
gemacht: Es gab so viel Arbeit, daß der Chef ihn bitten mußte,
erst im Herbst in Urlaub zu fahren.

E: to reckon without one's hosts
F: se tromper dans ses calculs

vom Regen in die Traufe * kommen
von einer schlechten Lage in eine noch schlimmere geraten

Rudolf hat sich von seiner Frau scheiden lassen und eine ältere
Witwe geheiratet, aber er scheint vom Regen in die Traufe
gekommen zu sein; er sieht gar nicht glücklich aus.

E: to jump out of the frying-pan into the fire
F: tomber de Charybde en Scylla

* die Traufe = aus der Dachrinne abfließendes Regenwasser

aus der Reihe tanzen
sich nicht einordnen; eigene Wege gehen

Ein vereinigtes Europa wäre sehr schön. Ob dieser Traum Wirklichkeit werden kann, wenn immer wieder ein Staat aus der Reihe tanzt?

E: to go it alone, to have (it) one's own way
F: faire cavalier seul

das Rennen machen
gewinnen

Morgen wird der neue Vorsitzende unseres Gesangvereins gewählt. Wer wird wohl das Rennen machen?

E: to carry the day
F: remporter la palme

Sie ist nicht auf Rosen gebettet.
Sie hat kein leichtes Leben.

Helene ist nicht auf Rosen gebettet: Ihr Mann hat sie vor kurzem verlassen, und nun steht sie allein mit drei kleinen Kindern da.

E: Life is not a bed of roses for her.
F: Ce n'est pas tout rose pour elle.

eine Runde ausgeben
allen Anwesenden ein Getränk bezahlen

Herbert hat eine Gehaltszulage bekommen und gibt heute abend eine Runde aus. Kommst du mit?

E: to buy a round
F: payer une tournée

über die Runden kommen
Schwierigkeiten meistern; durchhalten

Während meines Studiums habe ich zwei Jahre lang abends in einem Hotel gearbeitet, um etwas Geld zu verdienen. Ich brauchte alle meine Kräfte, um über die Runden zu kommen.

E: to stick it out
F: tenir le coup

S

Die Sache hat einen Haken.
In der Sache liegt eine Schwierigkeit.

Erwin ist von seiner Firma auf die Technische Hochschule geschickt worden. Die Sache hat aber einen Haken: Er muß nach Abschluß des Studiums zehn Jahre bei der Firma bleiben.

E: There is a fly in the ointment.
F: Il y a un os.

jdn im eigenen Saft schmoren lassen (pop)
jdn in einer schwierigen Lage sich selbst überlassen

Meine Kusine hat sich oft über mich lustig gemacht. Nun steckt sie in Geldschwierigkeiten und kommt zu mir gelaufen. Aber die kann warten! Ich lasse sie im eigenen Saft schmoren.

E: to let s.o. stew in his own juice
F: laisser qn cuire dans son jus

andere Saiten aufziehen
strenger werden; energischer vorgehen

Wenn Sie mit Ihren Schülern weiterhin so sanft umgehen, werden Sie immer wieder Ärger haben. Bei diesen Burschen müssen Sie ganz andere Saiten aufziehen.

E: to put the pressure on
F: serrer la vis

jdn mit Samthandschuhen anfassen
jdn sehr vorsichtig behandeln

Seit dem Tode ihres Dackels ist Tante Frieda so nervös und empfindlich, daß man sie mit Samthandschuhen anfassen muß.

E: to handle s.o. with kid gloves
F: prendre des gants avec qn

jdm Sand in die Augen streuen
jdn von der Wahrheit ablenken

„Unsere Firma soll dieses Jahr überhaupt keinen Gewinn gemacht haben." — „Das glaube ich nicht. Die wollen uns doch nur Sand in die Augen streuen, damit wir keine Lohnerhöhung verlangen."

E: to throw dust in s.o.'s eyes
F: jeter de la poudre aux yeux de qn

sang- und klanglos verschwinden
unbemerkt weggehen/fortziehen

Herr Steger hatte fortwährend Ärger mit seinen Kollegen. Eines Tages war er sang- und klanglos verschwunden.

E: to leave without making a song and dance about it
F: partir sans tambour ni trompette

in Saus und Braus leben
sorglos und verschwenderisch leben

Nachdem Philipp beim Toto 5000 Mark gewonnen hatte, lebte er ein paar Wochen lang in Saus und Braus — dann war das Geld zu Ende.

E: to live it up
F: faire la noce

90

sein Schäfchen ins trockene bringen
sein Eigeninteresse wahrnehmen; seinen Besitz in Sicherheit bringen

Sorge dich nicht um deinen Bruder! Er ist ein gewitzter Bursche und wird schon sein Schäfchen ins trockene bringen.

E: to feather one's own nest
F: faire son beurre

Schiffbruch erleiden
in die Brüche gehen
scheitern

Manfred und Irma kannten sich kaum drei Monate, als sie heirateten. Kein Wunder, daß ihre Ehe nach kurzer Zeit Schiffbruch erlitten hat.

E: to be on the rocks
F: faire long feu

Das war ein Schlag ins Wasser.
Das war eine erfolglose Aktion.

Der Versuch der Regierung, die Inflation durch hohe Kreditzinsen zu bremsen, war ein Schlag ins Wasser. Die Preise steigen weiter.

E: It was a flop.
F: Cela a été un coup d'épée dans l'eau.

Schlagseite haben *
betrunken sein (und nicht mehr gerade gehen können)

Schaut euch mal diesen Matrosen an, wie der hin- und hertorkelt. Der hat schwere Schlagseite!

E: to have got a skinful
F: avoir du vent dans les voiles

* wörtlich: Ein Schiff hat Schlagseite. = Es liegt schräg.

Schlange stehen
in einer langen Reihe stehen und warten

Um ein paar Briefmarken zu bekommen, mußte ich heute früh eine halbe Stunde lang Schlange stehen.

E: to stand in a queue
F: faire la queue

das Schlußlicht sein
der Letzte sein

Markus ist kein großer Sportler. Bei den Wettrennen seiner Klasse ist er fast immer das Schlußlicht.

E: to be last
F: être la lanterne rouge

Schmiere * stehen (pop)
aufpassen, Wache stehen (bei Diebstahl, Einbruch usw.)

Während der Einbrecher die Wohnung des Fabrikdirektors ausräumte, stand sein Komplice draußen Schmiere.

E: to be look-out man
F: faire le guet

* aus dem Hebräischen: schmirà = Wache

jdn/etw in den Schmutz ziehen
jdn verleumden; etw schlecht machen

Vor den Wahlen kommt es leider vor, daß sich die Politiker der verschiedenen Parteien gegenseitig in den Schmutz ziehen.

E: to indulge in mudslinging
F: traîner qn dans la boue

jdm ein Schnippchen * schlagen
jds Plan vereiteln; jdm einen Streich spielen

Obwohl das Haus von allen Seiten umzingelt war, konnte der Einbrecher der Polizei ein Schnippchen schlagen und über das Dach entkommen.

E: to pull a fast one on s.o., to put one over on s.o. (pop)
F: jouer un tour à qn

* Schnippchen (mit den Fingern schnippen) = eine spöttische Geste des Daumens mit dem Mittelfinger

einen (groben) Schnitzer machen *
einen Fehler machen

Bei der Theaterpremiere machte ein Schauspieler einen groben Schnitzer: Er verpaßte das Stichwort und brachte dadurch seine Partnerin ganz durcheinander.

E: to make a blunder
F: faire une bourde

* aus der Holzschneidekunst: ein „Schnitzer" ist ein falscher Schnitt.

Alles geht/klappt wie am Schnürchen.
Alles funktioniert glatt und ohne Störung.

Meine Mutter ist berufstätig. Trotzdem geht bei uns zu Hause alles wie am Schnürchen.

E: Everything runs like clockwork.
F: Tout marche comme sur des roulettes.

etw in den Schornstein schreiben
etw als verloren ansehen

Hoffst du etwa immer noch, daß Freddy dir die 25 Mark zurückgibt? Ich glaube, die kannst du in den Schornstein schreiben.

E: to kiss s.th. goodbye
F: faire une croix dessus

Bei ihm ist eine Schraube locker. (pop)
Er ist nicht ganz normal.

Unser Nachbar läuft manchmal mitten in der Nacht auf die Straße, um zu sehen, ob sein Auto noch da ist. Ich glaube, bei dem ist eine Schraube locker.

E: He's got a screw loose.
F: Il a un grain.

jdm die Schuld in die Schuhe schieben
jdn beschuldigen (um sich selbst zu entlasten)

Die Kinder haben sich gezankt und dabei das Tintenfaß umgeworfen. Christine behauptet, sie sei es nicht gewesen. Sie schiebt die Schuld wieder einmal ihrem Bruder in die Schuhe.

E: to lay the blame at s.o.'s door (lit)
F: mettre qc sur le dos de qn

aus der Schule plaudern
interne Angelegenheiten weitererzählen

Woher wissen Sie denn, daß meine Tochter ihren Job bei der Lufthansa aufgeben will? Da hat wohl jemand aus der Schule geplaudert.

E: to tell tales out of school
F: vendre la mèche

etw auf die leichte Schulter nehmen
etw nicht ernst nehmen

Der Arzt hat meinem Mann das Rauchen verboten. Aber er nimmt alles auf die leichte Schulter, raucht weiter — und hustet den ganzen Tag.

E: to make light of s.th.
F: prendre qc à la légère

jdm die kalte Schulter zeigen
jdn abweisen; sich gleichgültig zeigen

Erwin hatte den ganzen Abend mit derselben Dame getanzt. Als er sie jedoch um ein Rendez-vous bat, zeigte sie ihm die kalte Schulter.

E: to give s.o. the cold shoulder
F: tourner le dos à qn

keinen Schuß Pulver wert sein
nichts taugen

Ich bin außer mir! Meine Tochter will sich mit diesem eingebildeten Kerl verloben. Der ist doch keinen Schuß Pulver wert!

E: to be not worth a straw
F: Il ne vaut pas la corde pour le pendre.

Schwamm drüber!
Vergessen wir es!

Ich habe mich zwar in der letzten Zeit manchmal über dich geärgert, aber nun — Schwamm drüber! Wir wollen Freunde bleiben.

E: Let bygones be bygones!
F: Passons l'éponge!

ins Schwarze treffen
genau das Richtige tun oder sagen

Die witzigen Bemerkungen des Redners trafen jedesmal ins Schwarze. Das Publikum klatschte stürmisch Beifall.

E: to hit the mark
F: faire mouche

Schwein haben (pop)
Glück haben

Leo hat heute mit seinem Opel einen Unfall gebaut. Aber er hat Schwein gehabt, es gab nur Blechschaden.

E: to have a lucky break
F: avoir du pot

ins Schwimmen kommen
unsicher werden; in Schwierigkeiten geraten (beim Reden)

Stell dir vor, Inge hat gestern bei einem Fernsehquiz mitgemacht und hätte beinahe gewonnen. Als sie aber eine Frage aus der Filmgeschichte beantworten sollte, kam sie ins Schwimmen und ist dann doch nur Zweite geworden.

E: to be all at sea
F: perdre les pédales

in Schwung kommen
in Gang / in Fahrt kommen

Um morgens in Schwung zu kommen, brauche ich unbedingt starken schwarzen Kaffee.

E: to get going
F: se mettre en train

wie warme Semmeln * weggehen
schnell verkauft werden

Das Gastspiel des ungarischen Balletts war ein großer Erfolg;
die Eintrittskarten gingen weg wie warme Semmeln.

E: to sell like hot cakes
F: se vendre comme des petits pains

* die Semmel = Brötchen

seinen Senf dazugeben (pop)
ungefragt seine Meinung sagen

Uwe hat keine Ahnung von Politik, aber bei jeder Diskussion
ist er dabei und muß seinen Senf dazugeben.

E: to put one's oar in
F: mettre son grain de sel

kein Sitzfleisch haben
keine Ausdauer haben

Albert hat es noch nie länger als ein Jahr an einem Arbeits-
platz ausgehalten. Er hat einfach kein Sitzfleisch.

E: to have itchy feet
F: avoir la bougeotte

ein Sonntagskind sein
viel Glück im Leben haben

Stellen Sie sich vor, Jim hat zum zweiten Mal in diesem Jahr
in der Lotterie gewonnen. Er ist ein richtiges Sonntagskind.

E: to be born under a lucky star
F: être né coiffé

Das kommt mir spanisch vor.
Da stimmt etwas nicht. Ich finde das verdächtig.

Herr Lehmann sollte 2000 Mark bei der Bank einzahlen, und er ist immer noch nicht zurück? Das kommt mir spanisch vor ... Rufen Sie sofort die Bank an!

E: That sounds fishy to me.
F: Cela (ne) me paraît pas très catholique.

Die Spatzen pfeifen es von den Dächern.
Dieses Geheimnis ist längst bekannt.

Was? Sie wissen noch nicht, daß Frau Hauser sich scheiden lassen will? Das pfeifen doch schon die Spatzen von den Dächern.

E: It's all over the town.
F: C'est le secret de Polichinelle.

Er schreit wie am Spieß.
Er schreit sehr laut.

Gestern war ich mit meinem kleinen Neffen beim Zahnarzt. Der Junge hat geschrien wie am Spieß.

E: He screams his head off.
F: Il crie comme si on l'écorchait.

den Spieß umdrehen
von der Verteidigung zum Angriff übergehen

Im Endspiel um den Europa-Pokal waren die Fußballer aus Madrid zuerst sehr stark, aber in der zweiten Halbzeit drehten die Bayern den Spieß um und gewannen das Spiel.

E: to turn the tables
F: renverser la situation

sich die Sporen verdienen
erste Erfolge in seiner Karriere erringen

Der neue englische Botschafter ist ein hervorragender Diplomat. Er hat sich seine Sporen als Botschaftssekretär in Nairobi verdient.

E: to win one's spurs
F: gagner ses galons

jdm auf die Sprünge helfen
jdm (durch Hinweise) weiterhelfen

„Wie ist es dir denn in der Prüfung ergangen?" — „Ganz gut, nur bei der letzten Frage wußte ich plötzlich nicht weiter. Zum Glück half mir der Prüfer auf die Sprünge."

E: to help s.o. out
F: mettre qn sur la voie

jdm die Stange halten
jds Meinung unterstützen; jdn in Schutz nehmen

Nach seiner Verurteilung wollte die Familie nichts mehr von ihm wissen. Nur Peter hielt ihm die Stange, er war von seiner Unschuld überzeugt.

E: to take s.o.'s side
F: prendre fait et cause pour qn

(viel) Staub aufwirbeln
Aufsehen erregen

Die Watergate-Affäre hat 1973 viel Staub aufgewirbelt. Die Zeitungen der ganzen Welt waren voll davon.

E: to cause a great stir
F: faire du bruit

sich aus dem Staube machen
schnell verschwinden; davonlaufen

Als die alte Frau zu schreien anfing, machten sich die beiden Banditen aus dem Staube.

E: to make o.s. scarce, to take to one's heels (lit)
F: prendre ses jambes à son cou

sein Steckenpferd reiten
viel und lange über sein Lieblingsthema sprechen

Professor Müller reitet ja schon wieder sein Steckenpferd! Seit einer Stunde redet er über die Feinheiten der deutschen Rechtschreibung.

E: to ride one's hobby horse
F: enfourcher son dada

Man könnte eine Stecknadel zu Boden fallen hören.
Man hört keinen Laut.

Wenn der Richter sich erhebt, um das Urteil zu verkünden, wird es ganz still im Saal; man könnte eine Stecknadel zu Boden fallen hören.

E: One could hear a pin drop.
F: On entendrait une mouche voler.

bei jdm einen Stein im Brett haben
bei jdm beliebt sein

Fräulein Maurer macht im Büro, was sie will. Kein Wunder! Sie hat beim Chef einen Stein im Brett.

E: to be in s.o.'s good books
F: être dans les petits papiers de qn

Stein und Bein schwören
etwas fest (und leidenschaftlich) behaupten

Ich glaubte zuerst, die Putzfrau hätte die chinesische Vase zerbrochen. Aber sie schwört Stein und Bein, daß sie das kostbare Stück nicht angerührt hat.

E: to swear by all the gods
F: jurer ses grands dieux

auf der Stelle treten
keine Fortschritte machen

Bei der Abrüstungskonferenz treten die Delegierten schon seit Wochen auf der Stelle; die Unterzeichnung eines Abkommens ist überhaupt nicht in Sicht.

E: to be deadlocked
F: faire du surplace

Sterne sehen
(durch einen heftigen Schmerz) benommen oder betäubt sein

Gestern ist mir ein Blumentopf auf den Kopf gefallen. Ich kann dir sagen, ich habe Sterne gesehen.

E: to see stars
F: en voir trente-six chandelles

jdn im Stich lassen
jdn in Not oder Gefahr allein lassen

Als Robert wegen einer Steuerangelegenheit zu einem Monat Gefängnis verurteilt wurde, ließen ihn alle seine Freunde im Stich.

E: to leave s.o. in the lurch
F: laisser tomber qn

den Stier bei den Hörnern packen
einer schwierigen Lage nicht ausweichen, sondern einen mutigen Entschluß fassen

Als das Verkehrschaos unerträglich wurde, beschloß der Gemeinderat, den Stier bei den Hörnern zu packen: Er erklärte die Innenstadt zur Fußgängerzone.

E: to take the bull by the horns
F: prendre le taureau par les cornes

über die Stränge schlagen
aus der gewohnten Ordnung ausbrechen; leichtsinnig leben

Als Max noch zur Schule ging, hatten seine Eltern viel Ärger mit ihm. Er konnte sich einfach nicht an gewisse Normen gewöhnen und schlug immer wieder über die Stränge.

E: to kick over the traces
F: faire des frasques

einen Streit vom Zaun brechen
grundlos einen Streit anfangen

Nie wieder gehe ich mit Paul in eine Kneipe. Jedesmal, wenn er ein paar Gläschen Schnaps getrunken hat, bricht er einen Streit vom Zaun.

E: to pick a quarrel
F: chercher une querelle d'Allemand

jdm einen Strich durch die Rechnung machen
jds Pläne zunichte machen

Wir wollten die Verlobung unserer Tochter im Garten feiern — aber ein plötzliches Gewitter hat uns einen Strich durch die Rechnung gemacht.

E: to upset s.o.'s apple-cart
F: contrecarrer les plans de qn

auf den Strich gehen
ein Straßenmädchen / eine Prostituierte sein

Man behauptet, daß die Nichte des Stadtrats auf den Strich geht. Ob das wohl stimmt?

E: to be on the game
F: faire le trottoir

jdn nach Strich und Faden verprügeln
jdn kräftig schlagen

Mein Freund hat gestern einen jungen Burschen überrascht, als der gerade seinen VW stehlen wollte. Da hat er ihn nach Strich und Faden verprügelt.

E: to knock hell out of s.o.
F: battre qn comme plâtre

große Stücke auf jdn halten
eine sehr gute Meinung von jdm haben

Unser Direktor hält große Stücke auf seine italienischen Arbeiter: Sie sind fleißig und immer freundlich.

E: to think the world of s.o.
F: faire grand cas de qn

jdm den Stuhl vor die Tür setzen
jdn hinauswerfen, jdn entlassen

Fräulein Holl hat gestern dem Chef ein paar unangenehme Dinge gesagt. Da hat er ihr kurzerhand den Stuhl vor die Tür gesetzt.

E: to show s.o. the door
F: mettre qn à la porte

sich zwischen zwei Stühle setzen
*sich nicht entscheiden können und dadurch weder das eine
noch das andere bekommen*

„Susanne, willst du nun Klaus oder Peter heiraten?" —
„Eigentlich gefallen mir beide." — „Paß nur auf, daß du dich
nicht zwischen zwei Stühle setzt. Dann bist du beide los!"

E: to fall between two stools
F: se retrouver assis entre deux chaises

ein Sturm im Wasserglas
viel Aufregung um eine Kleinigkeit

Gestern war in unserem Betrieb eine riesige Aufregung, weil
die Chefsekretärin die Kopie eines Briefes nicht finden konnte.
Ein Sturm im Wasserglas!

E: a storm in a teacup
F: une tempête dans un verre d'eau

T

jdn in die Tasche stecken
jdm sehr überlegen sein

Ich glaube, daß die Sportler aus Europa beim 1500-Meter-Lauf
keine Chance haben. Der Läufer aus Kenia steckt sie alle in
die Tasche.

E: to be more than a match for s.o.
F: mettre qn dans sa poche

nicht alle Tassen im Schrank haben (pop)
verrückt sein

Achte nicht auf das dumme Zeug, das diese Frau da zusammenredet; sie hat nicht alle Tassen im Schrank.

E: She's not all there.
F: Il lui manque une case.

jdn auf frischer Tat ertappen
jdn bei schlechtem Tun überraschen

Der junge Mann behauptet, daß er den Taschencomputer nicht stehlen wollte. Der Hausdetektiv hat ihn aber auf frischer Tat ertappt.

E: to catch s.o. red-handed
F: prendre qn la main dans le sac

Es geht zu wie in einem Taubenschlag.
Es ist ein ständiges Kommen und Gehen.

Aber Fräulein Teuber, wie können Sie in diesem Büro ruhig arbeiten? Hier geht es ja zu wie in einem Taubenschlag.

E: It's like a madhouse. (pop)
F: On y entre comme dans un moulin.

Der Teufel ist los. (pop)
Es herrscht großer Lärm / großer Streit / großes Durcheinander.

Hörst du das Geschrei aus dem Café dort drüben? Bei den Kartenspielern ist wieder einmal der Teufel los.

E: All hell's let loose.
F: Il y a du grabuge.

jdn zum Teufel jagen (pop)
jdn fortjagen

Gestern hat uns wieder mal ein Elektrovertreter während der Mittagszeit belästigt. Er wollte uns unbedingt eine Kaffeemaschine aufschwatzen. Schließlich habe ich ihn zum Teufel gejagt.

E: to send s.o. packing
F: envoyer qn au diable

in Teufels Küche kommen
in die allergrößten Schwierigkeiten geraten

Bevor du ein Auto auf Raten kaufst, mußt du sicher sein, daß du sie pünktlich zahlen kannst — sonst kommst du in Teufels Küche.

E: to get into hot water
F: se mettre dans de beaux draps

ein (großes) Theater machen
sich sehr aufregen; einen Skandal machen

Helga, ich bitte dich! Mußt du hier vor allen Leuten so ein Theater machen, nur weil ich die Einladungen vergessen habe?

E: to make a fuss / a scene
F: faire un esclandre

Theater spielen
sich verstellen; etw vortäuschen

Wir haben in unserer Klasse eine Schülerin, die immer weint, wenn sie keine Antwort weiß — und der Lehrer hat Mitleid mit ihr. Dabei spielt sie nur Theater!

E: to put on an act
F: faire du cinéma

in der Tinte/Patsche sitzen (pop)
in einer sehr unangenehmen Lage sein

Morgen muß ich wieder eine Rate für meinen Kühlschrank zahlen. Wenn mir niemand etwas borgt, sitze ich ganz schön in der Tinte.

E: to be in a fix
F: être dans le pétrin

reinen Tisch machen
eine unklare Angelegenheit in Ordnung bringen

Was ist eigentlich los? Früher bist du gern zu mir gekommen, und jetzt gehst du mir aus dem Weg. Wollen wir uns nicht einmal aussprechen und reinen Tisch machen?

E: to clear the air
F: mettre les choses au point

alles in einen Topf werfen
alles gleich behandeln

Was wollen Sie, für meine Frau ist Astrologie und Astronomie eben dasselbe. Sie wirft das alles in einen Topf.

E: to lump everything together
F: mettre tout dans le même sac

auf vollen Touren laufen
voll in Gang sein

Drei Wochen lang waren die großen Autowerke durch Streiks stillgelegt, aber jetzt laufen sie wieder auf vollen Touren.

E: to be in full swing
F: tourner à plein régime

Das ist nur ein Tropfen auf einen heißen Stein.
Das ist viel zu wenig.

Mein Schwiegervater will mir 1000 Mark borgen, damit ich die Hypothek zurückzahlen kann. Aber was soll ich damit anfangen? Das ist ja nur ein Tropfen auf einen heißen Stein.

E: It's only a drop in the ocean.
F: C'est une goutte d'eau dans la mer.

Du bist (wohl) nicht recht bei Trost. (pop)
Du bist (wohl) verrückt.

Was? Du willst bei dieser Kälte schwimmen gehen? Du bist wohl nicht recht bei Trost.

E: You must be out of your mind.
F: Tu es cinglé!

Trübsal blasen
traurig sein

Seit Hilde mit ihrem Verlobten Krach gehabt hat, sitzt sie den ganzen Tag herum und bläst Trübsal.

E: to be down in the dumps
F: broyer du noir

Kehre vor deiner eigenen Tür!
Kümmere dich um deine eigenen Angelegenheiten!

Du meinst also, daß ich oft Fehler in der deutschen Sprache mache? Kehre lieber vor deiner eigenen Tür!

E: Mind your own business!
F: Occupe-toi de tes oignons!

U

rund um die Uhr
Tag und Nacht ohne Unterbrechung

In unserer Stadt gibt es drei Tankstellen, wo man zu jeder Tages- und Nachtzeit Benzin bekommt. Die arbeiten dort rund um die Uhr.

E: round the clock
F: 24 heures sur 24

in anderen Umständen sein
schwanger sein

Frau Kleinmann muß sich jetzt sehr schonen, denn sie ist in anderen Umständen.

E: to be in the family way
F: être dans une situation intéressante

V

den Vogel abschießen
die beste Leistung vollbringen

Gestern abend am Stammtisch hat jeder ein paar Witze erzählt. Albert hat wieder einmal den Vogel abgeschossen — wir haben uns totgelacht.

E: to steal the show
F: décrocher la timbale

einen Vogel haben (pop)
verrückt sein

Hast du schon gehört? Petra will bei einem Schönheitswettbewerb mitmachen. Ich glaube, die hat einen Vogel.

E: to be off one's rocker
F: avoir le cerveau fêlé

W

den Wald vor lauter Bäumen nicht sehen
*viele Einzelheiten, aber nicht das Wichtigste oder das Ganze
sehen*

Obwohl unser Buchhalter die vielen Paragraphen des neuen
Lohnsteuer-Gesetzes gründlich studiert hat, kann er noch im-
mer keine klare Auskunft geben. Er sieht den Wald vor lauter
Bäumen nicht.

E: to be unable to see the wood for the trees
F: Les arbres lui cachent la forêt.

seine schmutzige Wäsche (vor allen Leuten) waschen
unerfreuliche (oft intime) Dinge vor anderen Leuten besprechen

Herr und Frau Krüger haben sich gestern wieder laut im
Treppenhaus gestritten. Warum müssen die beiden immer ihre
schmutzige Wäsche vor allen Leuten waschen?

E: to wash one's dirty linen in public
F: laver son linge sale en public

ins Wasser fallen
nicht stattfinden; nicht zur Ausführung kommen

Unsere Tante aus Salzburg hat für diesen Monat ihren Besuch
angekündigt; dadurch sind unsere Ferienpläne ins Wasser gefallen.

E: to fall through
F: tomber à l'eau

110

Mir läuft das Wasser im Munde zusammen.
Ich bekomme großen Appetit.

Wenn ich an das Rahmschnitzel denke, das ich gestern gegessen habe, läuft mir noch jetzt das Wasser im Munde zusammen.

E: It makes my mouth water.
F: J'en ai l'eau à la bouche.

jdm nicht das Wasser reichen können
sich (in Wissen/Können) nicht mit jdm vergleichen können

Der neue Übersetzer ist nicht schlecht, aber seinem Vorgänger kann er nicht das Wasser reichen.

E: He can't hold a candle to him.
F: Il ne lui arrive pas à la cheville.

aussehen, als ob man kein Wässerchen trüben könnte
ganz unschuldig und harmlos aussehen

Die Tochter unserer Nachbarn sieht aus, als ob sie kein Wässerchen trüben könnte. Dabei hat sie jeden Monat einen neuen Freund.

E: to look as if butter wouldn't melt in one's mouth
F: On lui donnerait le bon Dieu sans confession.

mit allen Wassern gewaschen sein
sehr schlau sein; alle Tricks kennen

Du willst dich scheiden lassen und suchst einen guten Rechtsanwalt? Ich kann dir meinen empfehlen — der ist mit allen Wassern gewaschen.

E: to know all the tricks (of the trade)
F: avoir plus d'un tour dans son sac

nicht auf derselben Wellenlänge sein
sich nicht verständigen können

Gegen unseren neuen Mitarbeiter ist an sich gar nichts einzu-
wenden, aber ich komme mit ihm einfach nicht zurecht. Wir
sind eben nicht auf derselben Wellenlänge.

E: to be on a different wave-length
F: ne pas être sur la même longueur d'onde

in ein Wespennest stechen
eine heikle oder gefährliche Sache anpacken und dabei große
Aufregung verursachen

Der neue Regierungschef wollte das Streikrecht der Arbeiter
einschränken. Aber da hatte er in ein Wespennest gestochen.
Im ganzen Land gab es große Protestdemonstrationen.

E: to stir up a hornets' nest
F: se fourrer dans un guêpier

eine weiße Weste haben
eine reine Vergangenheit haben

Der neue Bürgermeister scheint der richtige Mann für diesen
Posten zu sein. Niemand kann ihm etwas vorwerfen: Der Mann
hat eine weiße Weste.

E: to have a clean slate
F: avoir les mains nettes

etw wie seine Westentasche kennen
etw sehr gut kennen

Wenn du dich in Paris nicht zurechtfindest, nimm ein Taxi.
Die Chauffeure kennen die Stadt wie ihre Westentasche.

E: to know s.th. like the back of one's hand
F: connaître qc comme sa poche

112

mit keiner Wimper zucken
ohne mit der Wimper zu zucken
sich keine Gefühle (Erstaunen, Angst usw.) anmerken lassen

Als der Ober uns die Rechnung brachte, erschrak ich: 90 Mark
für ein Abendessen zu zweit! Aber Werner bezahlte, ohne mit
der Wimper zu zucken.

E: not to turn a hair
F: ne pas sourciller

jdm den Wind aus den Segeln nehmen
jdm den Schwung / die Angriffsmöglichkeiten nehmen

Eigentlich wollte ich Christian wegen seines Verhaltens Vorwürfe machen. Nun, da ich weiß, was ihm alles zugestoßen ist,
ist mir der Wind aus den Segeln genommen.

E: to take the wind out of s.o.'s sails
F: couper l'herbe sous le pied à qn

von etw Wind bekommen
von etw erfahren, was noch geheim bleiben sollte

Die Guerillas hatten geplant, das Gefängnis zu stürmen und
einige ihrer Genossen zu befreien. Aber die Polizei hatte davon
Wind bekommen und vereitelte den Plan.

E: to get wind of s.th.
F: avoir vent de qc

in den Wind reden
Ratschläge erteilen / Warnungen aussprechen, die niemand beachtet

Der Bürgermeister empfahl den Autofahrern, ihren Wagen zu Hause zu lassen und die U-Bahn zu benutzen. Aber er hatte wieder einmal in den Wind geredet. Das Zentrum der Stadt blieb weiterhin von Autos verstopft.

E: to talk to the wall
F: prêcher dans le désert

etw in den Wind schlagen
einen Rat / eine Warnung nicht beachten

Wir alle haben Peter geraten, sein Studium zu beenden. Aber er wollte unbedingt schnell Geld verdienen und hat alle Warnungen in den Wind geschlagen. Jetzt tut es ihm leid.

E: to make light of s.th.
F: faire fi de qc

Er ist ein Wolf im Schafspelz.
Er ist ein Mensch, der sich harmlos gibt, aber böse Absichten hat.

Schon viele Hausfrauen sind auf diesen Gauner hereingefallen. Er tritt als Vertreter auf, um sie dann zu bestehlen. Er ist ein rechter Wolf im Schafspelz!

E: He's a wolf in sheep's clothing.
F: Il fait patte de velours.

aus allen Wolken fallen
völlig überrascht sein

Gestern sagte mir Eduard, daß er sich verlobt hat. Ich fiel aus allen Wolken. Er hatte doch immer Junggeselle bleiben wollen.

E: You could have knocked me down with a feather.
F: tomber des nues

jdm jeden Wunsch von den Augen ablesen
jdm alle Wünsche erfüllen

Gerlinde hat den idealen Ehemann geheiratet. Er liest ihr jeden Wunsch von den Augen ab.

E: to wait on s.o. hand and foot
F: être aux petits soins pour qn

Die Würfel sind gefallen.
Die Sache ist entschieden.

Die Würfel sind gefallen: Der Justizminister ist zurückgetreten. Alle Versuche, ihn umzustimmen, waren vergeblich.

E: The die is cast.
F: Les dés sont jetés.

jdm die Würmer aus der Nase ziehen
jdm mühsam Antworten oder ein Geheimnis entlocken

Frau Korn wollte eigentlich nicht über ihre Scheidungsabsichten sprechen, aber Tante Beate verstand es vorzüglich, ihr die Würmer aus der Nase zu ziehen.

E: to worm s.th. out of s.o.
F: tirer les vers du nez de qn

Das ist mir Wurst. (pop)
Das ist mir völlig gleichgültig.

Ich tue, was ich will, und verkehre, mit wem ich will. Was die
Leute dazu sagen, ist mir völlig Wurst.

E: I couldn't care less. (nicht pop)
F: Je m'en fiche.

X

jdm ein X für ein U vormachen
jdn täuschen; jdn irreführen

Das soll ein Perserteppich sein? Aber mein Herr, Sie können
mir doch kein X für ein U vormachen!

E: to pull the wool over s.o.'s eyes
F: faire prendre à qn des vessies pour des lanternes

Z

bis an die Zähne bewaffnet
stark bewaffnet

Es war 10 Uhr morgens; nur wenige Kunden waren in der
Bank. Plötzlich stürmten drei Banditen, bis an die Zähne bewaffnet, herein und schrien: „Hände hoch!"

E: armed to the teeth
F: armé jusqu'aux dents

jdm die Zähne zeigen
jdm energisch Widerstand leisten; jdm drohen

Wie lange wollt ihr euch die Frechheit dieses Burschen noch
gefallen lassen! Es wird Zeit, daß ihr ihm mal die Zähne zeigt.

E: to show one's teeth
F: montrer les dents

116

die Zähne zusammenbeißen
tapfer durchhalten; sich beherrschen

Helmut verletzte sich auf einer Bergwanderung den Knöchel;
er hatte starke Schmerzen, aber er biß die Zähne zusammen
und hielt mit den anderen Schritt.

E: to grit one's teeth
F: serrer les dents

die Zeche bezahlen
den Schaden / die Kosten tragen

Diese mißliche Lage hast du selbst verursacht; und nun mußt
du eben die Zeche bezahlen!

E: to foot the bill, to face the music
F: payer les pots cassés

zwischen den Zeilen lesen
etw aus einem Text herauslesen, was nicht wörtlich dort steht

Luise scheint in ihrer Ehe recht glücklich zu sein — so
schreibt sie jedenfalls in ihrem letzten Brief. Aber wenn man
zwischen den Zeilen liest, merkt man, daß nicht alles in bester
Ordnung ist.

E: to read between the lines
F: lire entre les lignes

mit der Zeit gehen
modern sein

Blue Jeans gefallen mir eigentlich nicht. Aber sie sind modern,
und man muß schließlich mit der Zeit gehen.

E: to keep pace with the times
F: vivre avec son temps

die Zeit totschlagen
irgend etwas tun, um die Langeweile zu vertreiben

Richard mußte noch zwei Stunden bis zum nächsten Zug warten. Um die Zeit totzuschlagen, ging er ins Bahnhofskino.

E: to kill time
F: tuer le temps

Zeter und Mordio * schreien
laut (um Hilfe) schreien

Gestern schrie eine Frau in der U-Bahn Zeter und Mordio, weil sie meinte, daß jemand ihr die Handtasche stehlen wollte.

E: to yell blue murder
F: pousser les hauts cris

* Zeter = Wehgeschrei; Mordio = „Hilfe! Mörder!" Nur noch in dieser Wendung gebraucht.

sich (tüchtig) ins Zeug * legen
sich anstrengen

In drei Monaten findet das Abschlußexamen in Deutsch statt. Ich muß mich jetzt tüchtig ins Zeug legen, sonst falle ich durch.

E: to pull one's socks up
F: donner un (sérieux) coup de collier

* „Zeug" bedeutete früher „Geschirr" für Pferde und andere Zugtiere.

118

Es liegt mir auf der Zunge.
Das Wort, das ich sagen will, fällt mir im Moment nicht ein.

Wie heißt doch gleich die Hauptstadt des Iran? Der Name liegt mir auf der Zunge; ich glaube, er beginnt mit einem T . . .

E: It's on the tip of my tongue.
F: Je l'ai sur le bout de la langue.

jdm die Zunge lösen
jdn gesprächig machen

Am Abend waren wir so müde, daß bei Tisch kaum jemand ein Wort sprach; aber ein guter Bordeaux-Wein löste schließlich allen die Zunge.

E: to loosen s.o.'s tongue
F: délier la langue de qn

auf keinen grünen Zweig kommen
keinen Erfolg im Leben haben (besonders finanziell)

Wenn unser Freund Emil weiterhin alle sechs Monate seine Stellung wechselt, wird er auf keinen grünen Zweig kommen.

E: He'll never make the grade.
F: Il ne fera jamais fortune.

Register

Die englischen und französischen Entsprechungen der deutschen Redensarten wurden in der Form aufgenommen, in der sie im Hauptteil des Buches erscheinen. Die alphabetische Einordnung erfolgte nach dem ersten Substantiv oder, wenn die Wendung kein Substantiv enthält, nach dem ersten sinntragenden Verb oder Adjektiv. Die Stichwörter sind zur schnellen Orientierung durch halbfetten Druck hervorgehoben. Die Ziffern zeigen die Seitenzahl an. So findet man z. B. die englische Wendung "to teach s.o. a **lesson**" auf Seite 22 als Entsprechung der deutschen Redensart „jdm einen Denkzettel verpassen".

Englisch

like a **bolt** from the blue 16
to come like a **bombshell** 19
to have a **bone** to pick with s.o. 56
to make no **bones** about it 52
to be in s.o.'s good **books** 6, 100
to lick s.o.'s **boots** 55
He wasn't **born** yesterday. 39
to rack one's **brains** 65
to have a lucky **break** 96
to **break** it gently 16
to burn one's **bridges** 20
to be **broke** 6
to tar with the same **brush** 59
to nip s.th. in the **bud** 61
to take the **bull** by the horns 102
to behave like a **bull** in a china shop 26
to let o.s. be **bullied** 17
to **bump** s.o. off 24
to beat about the **bush** 61
Mind your own **business!** 108
to look as if **butter** wouldn't melt in one's mouth 111
Let **bygones** be bygones! 95
to sell like hot **cakes** 97
He can't hold a **candle** to him. 111
I couldn't **care** less. 116
to put the **cart** before the horse 83
He's a hopeless **case.** 55
to build **castles** in the air / in Spain 70
to be like a **cat** on hot bricks 63

to let the **cat** out of the bag 60
It's raining **cats** and dogs. 14
to get off **cheaply** 9
to pull the **chestnuts** out of the fire 60
to drop a **clanger** 28
round the **clock** 109
Everything runs like **clockwork.** 93
to carry **coals** to Newcastle 26
to haul s.o. over the **coals** 21
to cut one's **coat** according to one's cloth 22
to tell **cock-and-bull** stories 72
to pay s.o. back in his own **coin** 75
to **come** off worst 66
I don't know whether I'm **coming** or going. 64
to force s.o. into a **corner** 26
to tread on s.o.'s **corns** 57
to pluck up **courage** 52
to take one's **courage** in both hands 52
to **court** 54
to shed **crocodile** tears 65
to have a **crush** on s.o. 76
to take up the **cudgels** for s.o. 67
He's an awkward **customer.** 62
to look as fresh as a **daisy** 25

Nobody gives a **damn**. 46
to be in the **dark** 24
to carry the **day** 88
to save for a rainy **day** 37
It's **dead** and buried. 42
to be **dead** beat 18
to reach **deadlock** 86
to be **deadlocked** 101
to be a sly **devil** 79
The **die** is cast. 115
to go to the **dogs** 86
to show s.o. the **door** 103
to be going **downhill** 8
to go down the **drain** 14
to give s.o. a **dressing-down** 64
It's only a **drop** in the ocean. 108
to have had a **drop** too much 41
to be down in the **dumps** 108
to throw **dust** in s.o.'s eyes 90
to listen with half an **ear** 79
to be all **ears** 79
to box s.o.'s **ears** 70
to prick up one's **ears** 80
to put all one's **eggs** in one basket 59
to have no **end** of trouble with s.o. 78
to catch s.o.'s **eye** 9
to turn a blind **eye** (to s.th.) 9
to be up to one's **eyes** in debt 79
His **face** fell. 39
to put a brave **face** on it 73

to take s.th. at its **face** value 75
to tell **fairy-tales** 16
to **fall** behind 53
to **fall** for it 68
to **fall** through 110
to be in the **family** way 109
far-fetched 45
to find **fault** (with) 44
You could have knocked me down with a **feather**. 115
to give vent to one's **feelings** 36
to have itchy **feet** 97
to stand on one's own two **feet** 34
to have one's **feet** planted firmly on the ground 34
to be **few** and far between 24
to be as fit as a **fiddle** again 21
to go **fifty-fifty** 46
to walk in single **file** 35
I'm doing **fine**. 20
to have a **finger** in the pie 47
not to lift a **finger** 29
to twist s.o. round one's little **finger** 30
to burn one's **fingers** 30
to have s.th. at one's **fingertips** 25
to play with **fire** 29
to go through **fire** and water for s.o. 29
That sounds **fishy** to me. 98
to be in a **fix** 107

It was a **flop.** 91

not to hurt a **fly** 31

There is a **fly** in the ointment. 89

to make a **fool** of s.o. 76

to put one's **foot** in it 28

to set a **fox** to keep the geese 17

to be **frantic** 7

to take **French** leave 32

to jump out of the **frying-pan** into the fire 87

to add **fuel** to the flames 81

to make a **fuss** 106

to be on the **game** 103

to lead s.o. up the **garden** path 77

to **get** going 96

to have the **gift** of the gab 74

to see everything through rose-coloured **glasses** 19

to fit like a **glove** 6

to handle s.o. with kid **gloves** 90

to **go** on at s.o. (about s.th.) 80

to swear by all the **gods** 101

My **goose** is cooked. 11

to get **goose** pimples 34

What's **got** into you? 66

He'll never make the **grade.** 119

It's all **Greek** to me. 23

to **grin** and bear it 7, 83

to gain **ground** ↔ to lose ground 18

to have no **guts** 74

I've **had** it. 11

not to turn a **hair** 73, 113

not to harm a **hair** of s.o.'s head 44

Your **hair** stands on end. 45

not to have two **halfpennies** to rub together 51

to get the upper **hand** 78

to wait on s.o. **hand** and foot 115

You can't see your **hand** in front of your face. 47

to be **hand** in glove with s.o. 22

to bite the **hand** that feeds you 8

to live from **hand** to mouth 47

to fly off the **handle** 50

to have s.o./s.th. on one's **hands** 46

to wash one's **hands** of it 48

to have one's **hands** full 48

to **hang** around 12

to have a **hangover** 60

to stop **harping** on s.th. 84

to take one's **hat** off to s.o. 58

to **have** it in for s.o. 83

to **have** s.o. on 11

Everything goes **haywire.** 24

to get s.th. out of one's **head** 63

Get that into your **head!** 80

to lose one's **head** 64

to bang one's **head** against a brick wall 42

to live like a **lord** 41

to be the **loser** 66

lousy 59

love at first sight 69

to have bad **luck** 82

to **lump** everything together 107

to leave s.o. in the **lurch** 101

It's like a **madhouse**. 105

to **make** s.th. **up** 30

to be the odd **man** out 86

to hit the **mark** 96

to overstep the **mark** 18

to be more than a **match** for s.o. 104

to have a **memory** like a sieve 36

to have a **millstone** round one's neck 63

to make **mincemeat** out of s.o. 45

You must be out of your **mind**. 108

My **mind** is a complete blank. 73

to promise s.o. **miracles** 13

to be rolling in **money** 37

to pour **money** down the drain 37

It happens once in a blue **moon**. 58

to make a **mountain** out of a mole-hill 74

to keep one's **mouth** shut 75

It makes my **mouth** water. 111

to get a **move** on 21

It's much of a **muchness**. 58

to indulge in **mudslinging** 92

to yell blue **murder** 118

to face the **music** 117

to be as keen as **mustard** (about s.th.) 29

to hit the **nail** on the head 76

to risk one's **neck** 64

to get on s.o.'s **nerves** 77

to feather one's own **nest** 91

He can't see any further than his **nose**. 77

to poke one's **nose** into everything 77

to cut off one's **nose** to spite one's face 31

to put one's **oar** in 97

to rest on one's **oars** 48

to sow one's wild **oats** 56

That's stating the **obvious**. 15

to be left **open-mouthed** 75

to seize the **opportunity** with both hands 38

to **overdo** s.th. 81

to keep **pace** with the times 117

to be as alike as two **peas** in a pod 25

The **penny**'s dropped. 43

to be **pernickety** 44

It's no **picnic**! 55

to be in the **picture** 13

to pull s.o. to **pieces** 43

to buy a **pig** in a poke 61

to **pigeon-hole** 11

to be sent from **pillar** to post 84

One could hear a **pin** drop. 100

to be known all over the **place** 57

to strut with borrowed **plumes** 28

to poach on s.o.'s **preserves** 36

to put the **pressure** on 89

to put **pressure** on s.o. 23

to **pull** a fast one on s.o. 93

to give s.o. the **push** 68

to **put** one over on s.o. 93

not to allow o.s. to be **put** upon 20

to pick a **quarrel** 102

to stand in a **queue** 92

to have a **quick** one 14

to **ramble** on and on 57

to smell a **rat** 71

to have a (police) **record** 62

to catch s.o. **red-handed** 105

to be without **rhyme** or reason 47

to take s.o. for a **ride** 78

to read the **riot-act** 69

to be off one's **rocker** 109

to be on the **rocks** 91

to shout s.th. from the **rooftops** 41

to rule the **roost** 37

to buy a **round** 88

to **run** into s.o. 7

to **run** s.o. down 59

packed together like **sardines** 51

to tip the **scales** 10

to make o.s. **scarce** 100

to make a **scene** 106

to be **scared** stiff 51

to put s.o./s.th. on the **scrapheap** 25

He's got a **screw** loose. 94

to be all at **sea** 18, 96

to **send** s.o. packing 106

to be **shattered** 18

It gives me the **shivers**. 72

to give s.o. the cold **shoulder** 95

to steal the **show** 109

It's all **show**. 71

to give short **shrift** to s.o. 84

I'm **sick** and tired of it. 46

to take s.o.'s **side** 99

to hold/split one's **sides** laughing 12

to look as miserable as **sin** 39

It's **six** of one and half a dozen of the other. 36

to be nothing but **skin** and bone 50

to escape by the **skin** of one's teeth 78

to have got a **skinful** 91

to have a clean **slate** 112

to work like a **slave** 83

Don't lose any **sleep** over that! 44

to laugh up one's **sleeve** 28

That's the snag! 49
to be a cunning so-and-so 79
to be a lying so-and-so 10
to pull one's socks up. 118
to soft-soap s.o. 55
to buy s.th. for a song 21
to leave without making a
    song and dance about it 90
to make a song and dance
    about s.th. 9
to sound a person out 20
to call a spade a spade 62
to speak plainly 16
to look spick and span 38
to put a spoke in s.o.'s
    wheel 63
to throw up the sponge 32
to win one's spurs 99
to be born under a lucky
    star 97
to see stars 101
to stick it out 89
to cause a great stir 99
to leave no stone unturned 50
It's only a stone's throw. 61
to fall between two stools 104
to put a stop to it 48
to set great store by s.th. 40
a storm in a teacup 104
He won't strain himself. 12
to be not worth a straw 95
This is the last straw. 27
to strike lucky 43
to live in style 33
to put on one's Sunday
    best 34

to be in a cold sweat 16
to be in full swing 107
to turn the tables 98
to take it easy 66
to tell tales out of school 94
to give s.o. a taste of his
    own medicine 75
armed to the teeth 116
to grit one's teeth 117
to show one's teeth 116
to tell s.o. what's what 49
to lose one's temper 65
to be on tenterhooks 63
to put s.o. to the test 52
He will never set the Thames
    on fire. 85
to be as thick as thieves 82
to think one knows every-
    thing 42
He's a thorn in my side. 23
to hang by a thread 44
to lose the thread 27
to twiddle one's thumbs 22
to give (one's husband) a
    ticking-off 35
The tide has turned. 15
It's high time. 26
to kill time 118
It's on the tip of my
    tongue. 119
a tissue of lies 6
to loosen s.o.'s tongue 119
to blow one's top 40
to be sitting on top of a
    volcano 85
to throw in the towel 32

It's all over the **town.** 98
to paint the **town** red 81
to kick over the **traces** 102
to be barking up the wrong
    tree 54
to know all the **tricks**
    (of the trade) 111
She wears the **trousers.** 56
That's a **truism.** 15
to dance to s.o.'s **tune** 82
to be a **turncoat** 71
to be **two-faced** 33
What's **up** with you? 66
to be slow on the **uptake** 68
to take a gloomy **view** 19
to talk to the **wall** 114
to get into hot **water** 106
to be on a different **wave-
    length** 112
to have (it) one's own **way** 88
not to carry any **weight** 39
to be worth one's **weight** in
    gold 41

to spread like **wildfire** 67
to get **wind** of s.th. 113
to take the **wind** out of s.o.'s
    sails 113
to take s.o. under one's
    wing 31
to clip s.o.'s **wings** 32
to be at one's **wits'** end 67
to be unable to keep the **wolf**
    from the door 57
He's a **wolf** in sheep's
    clothing. 114
to be out of the **wood** 13
to be unable to see the **wood**
    for the trees 110
to pull the **wool** over s.o.'s
    eyes 116
beyond **words** 59
not to mince **words** 15
to hang on s.o.'s **words** 69
to think the **world** of s.o. 103
to **worm** s.th. out of s.o. 115
to be over the **worst** 13

Französisch

C'est une **affaire** classée. 42
prendre qn sous son **aile** 31
voler de ses propres **ailes** 34
rogner les **ailes** à qn 32
Qu'elle **aille** se faire voir
    ailleurs! 82
être **amoureux** fou 80
On s'en moque comme de l'**an**
    quarante. 46

être aux **anges** 53
filer à l'**anglaise** 32
Les **arbres** lui cachent la
    forêt. 110
prendre qc pour **argent**
    comptant 75
jeter l'**argent** par les
    fenêtres 37

mentir comme un **arracheur** de dents 10

au-dessous de tout 59

filer une **baffe** àqn 70

jeter toute son autorité dans la **balance** 40

faire pencher la **balance** 10

ne pas peser lourd dans la **balance** 39

mener qn en **bateau** 77

monter un **bateau** à qn 11

mettre à qn des **bâtons** dans les roues 63

tomber sur un **bec** 42

avoir le **béguin** pour qn 76

chercher le petite **bête** 44

C'est ma **bête** noire. 23

faire son **beurre** 91

déverser sa **bile** 40

Ne te fais pas de **bile**! 44

Je t'en fiche mon **billet**. 40

Je vais lui montrer de quel **bois** je me chauffe. 49

avoir l'air de sortir d'une **boîte** 25

J'en ais ras le **bol**. 46

éclater comme une **bombe** 19

C'est **bonnet** blanc et blanc bonnet. 58

dépasser les **bornes** 18

rester **bouche** bée 75

acheter qc pour une **bouchée** de pain 21

mettre les **bouchées** doubles 21

traîner qn dans la **boue** 92

avoir la **bougeotte** 97

mettre qn en **bouillie** 45

avoir un **boulet** à traîner 63

faire une **bourde** 17, 93

Je l'ai sur le **bout** de la langue. 119

Il ne voit pas plus loin que le **bout** de son nez. 77

être au **bout** de son rouleau 70

savoir qc sur le **bout** du doigt 25

mener qn par le **bout** du nez 30

se laisser mener par le **bout** du nez 81, 82

être arrivé au **bout** du tunnel 13

scier la **branche** sur laquelle on est assis 8

avoir qn/qc sur les **bras** 46

se croiser les **bras** 48

faire la **bringue** 81

faire du **bruit** 99

faire grand **bruit** de qc 9

renvoyer qc aux **calendes** grecques 11

rire sous **cape** 28

se tromper dans ses **calculs** 87

Les **carottes** sont cuites. 11

avoir brûlé ses dernières **cartouches** 85

faire grand **cas** de qn 103

Il lui manque une **case**. 105

Cela (ne) me paraît pas très **catholique**. 98

faire **cavalier** seul 88

se serrer la **ceinture** 43

avoir le **cerveau** fêlé 109

faire de la **chair** à pâté de qn 45

avoir la **chair** de poule 34

se retrouver assis entre deux **chaises** 104

en voir trente-six **chandelles** 55, 101

tirer son **chapeau** à qn 58

être sur des **charbons** ardents 63

mettre la **charrue** devant les bœufs 83

tomber de **Charybde** en Scylla 87

appeler un **chat** un chat 62

acheter **chat** en poche 61

bâtir des **châteaux** en Espagne 70

faire qc de son propre **chef** 27

ne pas y aller par quatre **chemins** 84

ne pas toucher à un **cheveu** de qn 44

tiré par les **cheveux** 45

C'est à vous faire dresser les **cheveux** sur la tête. 45

Il ne lui arrive pas à la **cheville.** 111

se crêper le **chignon** 45

C'est du **chiqué.** 71

mettre les **choses** au point 107

être au septième **ciel** 53

remuer **ciel** et terre 53

faire du **cinéma** 106

Tu es **cinglé!** 108

avoir disparu de la **circulation** 14

sonner les **cloches** à qn 21

être né **coiffé** 97

avoir la **comprenette** un peu dure 68

Ça y est, il a **compris.** 43

s'en tirer à bon **compte** 9

avoir un **compte** à régler avec qn 56

passer du **coq** à l'âne 57

Il ne vaut pas la **corde** pour le pendre. 95

Il pleut des **cordes.** 14

avoir la **cote** auprès de qn 6

se tenir les **côtes** 12

courir de tous les **côtés** 84

être endetté jusqu'au **cou** 79

en tenir une **couche** 19

dépasser qn de cent **coudées** 50

se la **couler** douce 66

en faire voir de toutes les **couleurs** 54

en voir de toutes les **couleurs** avec qn 78

rester dans le **coup** 10

tenir le **coup** 89

donner un **coup** de collier 118

Cela a été un **coup** d'épée dans l'eau. 91

coup de foudre 69

arriver comme un **coup** de tonnerre dans un ciel bleu 16

La **coupe** est pleine. 72

faire la **cour** 54

prendre son **courage** à deux mains 52

être au **courant** 13

tenir qn au **courant** 67

donner libre **cours** à ses sentiments 36

mettre à qn le **couteau** sur la gorge 73

examiner qc sous / sur toutes les **coutures** 52, 71

C'est ... tout **craché.** 38

s'en jeter un derrière la **cravate** 14

Il **crie** comme si on l'écorchait. 98

pousser les hauts **cris** 118

faire une **croix** dessus 94

Je suis **cuit.** 11

C'est elle qui porte la **culotte.** 56

enfourcher son **dada** 100

avoir une **dent** contre qn 83

armé jusqu'aux **dents** 116

déchirer qn à belles **dents** 43

montrer les **dents** 116

serrer les **dents** 117

Les **dés** sont jetés. 115

prêcher dans le **désert** 114

avoir le **dessous** 66

reprendre le **dessus** 78

être criblé de **dettes** 79

envoyer qn au **diable** 106

On lui donnerait le bon **Dieu** sans confession. 111

jurer ses grands **dieux** 101

changer de **disque** 84

ne pas lever le petit **doigt** 29

Mon petit **doigt** me l'a dit. 30

Cela me fait froid dans le **dos.** 72

tourner le **dos** à qn 95

mettre qc sur le **dos** de qn 94

se mettre dans de beaux **draps** 106

tomber à l'**eau** 14, 110

J'en ai l'**eau** à la bouche. 111

porter de l'**eau** à la rivière 26

se faire **échauder** 30

se conduire comme un **éléphant** dans un magasin de porcelaine 26

être logé à la même **enseigne** 19

Ça dépasse l'**entendement.** 66

envoyer promener qn 68

être tiré à quatre **épingles** 38

Passons l'**éponge**! 95

faire un **esclandre** 106

y **être** pour qc 47

faire comme si qn n'**existait** pas 69

avoir une **faim** de loup 11

prendre **fait** et cause pour qn 67, 99

être **fauché** 6

la **fermer** 75

jouer avec le **feu** 29

faire long **feu** 91

être tout **feu** tout flamme 29

faire **fi** de qc 114

Je m'en **fiche.** 116

perdre le **fil** 27

ne tenir (plus) qu'à un **fil** 44

mettre **fin** aux agissements 48

C'est la **fin** des haricots! 23

être de nouveau en pleine
forme 21

Il ne fera jamais **fortune.** 119

faire contre mauvaise **fortune**
bon cœur 73

avoir son **franc-parler** 52

faire des **frasques** 102

C'est de la **frime** 71

faire une **gaffe** 28

gagner ses **galons** 99

aller comme un **gant** 6

prendre des **gants** avec qn 90

Ça **gaze.** 20

être sur les **genoux** 18

sortir de ses **gonds** 50

jeter sa **gourme** 56

On n'y voit **goutte.** 47

C'est une **goutte** d'eau dans
la mer. 108

C'est la **goutte** d'eau qui fait
déborder le vase. 27

se ressembler comme deux
gouttes d'eau 25

Il y a du **grabuge.** 105

Il a un **grain.** 94

mettre son **grain** de sel 97

Il faut se **grouiller.** 26

se fourrer dans un **guêpier** 112

à la **guerre** comme à la
guerre 22

faire le **guet** 92

avoir la **gueule** de bois 60

se jeter dans la **gueule** du
loup 54

serrés comme des **harengs** 51

Pour moi c'est de l'**hébreu.** 23

couper l'**herbe** sous le pied
à qn 113

24 **heures** sur 24 109

Voilà le **hic!** 49

raconter des **histoires** 72

jeter de l'**huile** sur le feu 81

se laisser **impressionner** /
intimider 17

prendre ses **jambes** à son cou
12, 100

être un faux **jeton** 33

vivre au **jour** le jour 47

laisser qn cuire dans son
jus 89

s'en tirer de **justesse** 78

ne pas se laisser manger la
laine sur le dos 20

avoir la **langue** bien
pendue 74

délier la **langue** de qn 119

verser des **larmes** de crocodile
65

s'entendre comme **larrons** en
foire 82

être la **lanterne** rouge 92

y perdre son **latin** 67

se reposer sur ses **lauriers** 70

donner une bonne **leçon**
à qn 22

prendre qc à la **légère** 95

être suspendu aux **lèvres** de qn 69

être en **liberté** 33

lire entre les **lignes** 117

laver son **linge** sale en public 110

être cloué au **lit** 13

ne pas être sur le même **longueur** d'onde 112

être connu comme le **loup** blanc 57

enfermer le **loup** dans la bergerie 17

promettre la **lune** 16

avoir **maille** à partir 62

prendre qn la **main** dans le sac 105

s'en laver les **mains** 48

avoir les **mains** nettes 112

se croire plus **malin** que les autres 42

jeter le **manche** après la cognée 32

faire **marcher** qn 7

dormir comme une **marmotte** 76

tirer les **marrons** du feu 60

éventer la **mèche** 71

vendre la **mèche** 60, 94

être de **mèche** avec qn 22

Sa **mémoire** est une passoire. 36

La **mesure** est comble. 72

se **mettre** en quatre pour qn 29

mettre dans le **mille** 76

(C'était) **moins** une! 74

faire **moitié-moitié**

rendre à qn la **monnaie** de sa pièce 75

faire une **montagne** de qc 74

promettre **monts** et merveilles à qn 13

avoir le **moral** à zéro 18

ne pas mâcher ses **mots** 15

dire qc à **mots** couverts 16

faire **mouche** 96

Il ne ferait pas de mal à une **mouche**. 31

Quelle **mouche** te pique? 66

On entendrait une **mouche** voler. 100

On y entre comme dans un **moulin**. 105

La **moutarde** lui monte au nez. 65

employer les grands **moyens** 35

travailler comme un **nègre** 83

taper sur les **nerfs** de qn 77

dire qc tout **net** 16

se trouver **nez** à nez avec qn 7

fourrer son **nez** partout 76

faide la **noce** 90

broyer du **noir** 108

être dans le **noir** le plus complet 24

tomber des **nues** 115

tirer le bon **numéro** 43

sauter sur l'**occasion** 38

étouffer qc dans l'**œuf** 61

mettre tout en **œuvre** 50